지역사회 문화 크리에이트 전문 자원 활동가 시대
personal & public Leadership & Group Career Counseling Program

문화복지사과정
문화야 놀자!

문화로운 소안도
청소년 'Leadership' 개발 & 문화 크리에이트

저자 : 사) 국민생활건강진흥원 장후용 원장

도서출판 조은

프롤로그

스포츠문화 크리에이트 문화복지사와의 만남

소 안은 안도감을 되새김 하는 평안의 위장술이다. 이 위장(慰狀)은 누구에게나 자신이 막을 장차 건강을 위해 열려 있어야 한다. 즉 나이와 체력에 구애받지 않고 밖에서 자연의 비나 눈에 구애받지 않고 즐길 수 있는 실내 스포츠가 있다면 그중에서 탁구는 최고의 공놀이다. 특별한 기술이나 장비 없이도, 작은 공간에 테이블과 네트 그리고 라켓과 공 하나만 있으면 누구나 웃으며 특히 인간 심리 특유의 경쟁과 재미를 동시에 충족할 수 있는 경기가 바로 탁구다. 특히 노인들에게 탁구는 우울감을 해소하고 건강관리와 사회적 소통, 그리고 삶의 활기를 동시에 선사하는 최고의 운동으로 꼽힌다.

모든 운동의 연동에는 사람이 서 있다. 삶이 곧 아픈 운동성이다. 이때 손을 이들의 손을 잡고 이끌어 주는 이가 'Leadership'이다. 부엌에는 음식을 잘하는 사람이 등산을 오를 때는 그 산을 잘 아는 사람이 발휘하는 'Leadership'의 영향을 받는다.

최근 우리 사회는 단순히 운동을 '배우고 즐기는' 수준을 넘어서 스포츠를 통해 사람과 사람을 잇고, 세대를 연결하며, 공동체를 하나로 묶는 새로운 문화가 형성되고 그 중심에는 문화복지사로 활동 중인 스포츠문화 크리에이트가 있다. 이들은 탁구와 같은 생활 스포츠를 매개로, 어르신들이 함께 어울릴 수 있는 프로그램을 기획하고, 실내 공간의 제약을 극복하며, 모두가 몰입하고 성장할 수 있는 운동 문화를 만들어간다.

스포츠문화 크리에이트는 일반적인 코치나 지도자를 넘어, 문화복지사의 역할로 생활복지를 수행한다. 운동을 통해 건강을 챙기고 삶의 에너지를 얻을 뿐만 아니라, 운동장 또는 공연장이나 체육관에서 주변의 새로운 친구를 만나고, 함께 승부를 겨루며 서로의 경험을 가지고 지역사회 노인 복지시설이나 마을 실내 체육 교실에서 탁구를 통한 소통과 협력을 통해 세대 간 벽을 허물며, 공동체의 정을 나누는 중요한 문화를 형성해 나간다.

'문화복지사로써 스포츠문화 크리에이트는 이처럼 일상에서, 탁구나 배드민턴 같은 스포츠문화를 일상생활로 성장시키는 동력이다. 문화복지사와 스포츠문화 크리에이트는 모든 일상생활에서 건강한 삶의 새로운 목표와 기쁨을 찾도록 돕고, 소외된 계층의 건강 바우처사업의 일환에서 인성 건강·소통·문화로 삶의 조화를 이루는 즐거운 공간을 만들어간다. 이 책은 이런 변화의 현장에서 스포츠가 만들어 내는 문화복지사와 생활 건강 지도사의 길로 안내하는 교육프로그램의 지침서다.

사) 국민생활건강진흥원 **장 후 용** 원장

차 례

프롤로그 ·· 3

1. 기본 사회복지제도와 문화복지 ································· 7
2. 스포츠 문화복지사의 활동 방안 ······························ 19
3. 병풍 예방프로그램으로 활용하다 ···························· 27
4. 홍도야 울지마라! 대화형 심리 분석 상담과 초기상담단계 ····· 49
5. 퍼스날리더십프로그램 개발 및 공공 그룹 집단상담 ············ 59
6. 우리 민족의 종교적 맥락(脈絡)과 명상의 관점 이동 ············ 163
7. 사이비 종교의 민낯 ··· 173
8. 이전에 내가 살던 박쥐 동굴 무속은 석굴암의 지남철 ········· 185
9. 인동초 소 안들 소망이 철딱서니 없기를 바란들 ··············· 195
10. 영화로운 드라마 왜곡된 정신의 범주 ······················ 215
11. 아포페니아-파레돌리아(Apophenia & Pareidolia) 山 해리길 ···· 233
12. 역할극과 예술 치유프로그램 ··································· 247
13. 아동문학 치유 의태와 의성어 ································· 267

1

기본 사회복지제도와 문화복지

1. 기본 사회복지제도와 그 의미

　기본 사회복지제도는 국민의 기본권을 최대한 보장하며, 인간다운 삶을 추구하는 사회를 지향하는 개념이다. 이는 헌법 10조에서 명시된 인간 존엄과 행복 추구권을 실현하기 위한 사회적 노력으로 모든 국민이 동등한 권리와 인권을 누릴 수 있도록 하는 데 초점을 맞추고 있다.

　기본 사회는 시대와 사회적 상황에 따라 그 정의와 역할도 변해왔다. 과거에는 생존을 위한 최소한의 조건을 충족시키는 데 초점이 맞춰졌다면, 현대의 기본 사회는 복지, 교육, 고용, 주거 등 다양한 분야에서 국민 삶의 질을 높이는 것을 목표로 한다. 이를 위해 국회는 기본 사회 위원회를 발족하여 제도적 기반과 정책 방향을 마련하고 있다.

　기본 사회는 기본소득과 혼동될 수 있으나, 사회복지와 문화복지 차원의 틀을 맞춰 보면 두 개념은 상호 보완적이다. 기본소득은 모든 국민에게 일정 금액을 제공하는 보편적 사회복지로 효율성을 강조하며, 기본 사회는 이를 포함해 선별적 복지와 기본 서비스를 확대하여 사회적 약자를 문화복지 차원에서 보호하고 민주주의와 인권을 강화하는 포괄적인 개념이다.

　이러한 기본 사회복지제도는 사회 구성원의 역량을 강화 하고 제도의 정비를 통해 지속 가능한 성장과 문화적 복지를 도모하며, 모두가 인간다운 삶을 영위할 수 있는 사회를 만드는 것을 목표로 하고 있다. 이러한 기본 사회복지제도와 문화복지의 주요 목표는 국민이 생활 보장을 통해 최소한 인간다운 삶을 영위할 수 있도록 기본적인 생활을 할 수 있도록 기초수급과 문화누리를 지원한다. 사회적 약자 보호는 장애인, 노인, 저소득층 등 사회적 약자를 우선으로 보호하고 지원한다.

이러한 국민 개개인의 삶의 질 향상은 문화복지, 보건의료, 교육, 주거 등 다양한 분야에서 개인의 삶의 질을 높이는 것을 목표로 한다. 사회통합과 평등으로 불평등 해소와 사회적 통합을 촉진하며, 소득 재분배를 통해 경제적 안정과 평등을 추구한다. 역량 강화와 자립 지원에 있어 개인의 잠재력을 개발하고 자립할 수 있는 환경을 조성하여 지속 가능한 성장을 도모할 때 그 혜택은 다음과 같다.

2. 문화사회 복지의 혜택

1) 사회보험
국민연금 : 노후 소득 보장을 위한 연금 제도
건강보험 : 질병, 부상 치료를 위한 의료비 지원
고용보험 : 실업 시 소득 지원 및 재취업 지원
산재보험 : 업무 중 발생한 재해에 대한 보상
노인장기요양보험 : 고령자 돌봄 서비스 제공

2) 공공부조(국민 기초생활 보장법, 제7조 제1호).
생계급여 : 생활 유지가 어려운 국민에게 최소 생계비 지원
의료급여 : 저소득층 의료비 지원
출산급여 : 출산 휴가 등
교육급여 : 저소득층 자녀 교육비 지원

3) 사회서비스

사회서비스로는 노인, 장애인, 아동 등 다양한 계층을 위한 복지 서비스 제공(예: 돌봄 서비스, 재활, 상담 등), 이와 관련한 모든 제도는 헌법 제34조와 사회보장기본법에 근거하여 운영되며, '국민 삶의 질 향상'과 '사회 문화 복지국가' 실현을 목표로 한다.

* – 헌법 제34조 조문의 주요 의미

"인간다운 생활을 할 권리"는 단순히 생존을 넘어 문화적, 사회적으로 기본적인 생활을 영위할 권리를 의미한다. 국가는 자유권만으로는 해결하기 어려운 빈곤, 질병, 재해 등 사회적 문제에 적극적으로 개입하여 국민에게 최소한의 생활을 보장할 의무가 있다. 사회적 약자 보호, 복지 정책(政策) 실시와 재해 예방 등 비교적 구체적인 국가 책무를 명시하고 이 조항에 따라 장애인복지법, 노인복지법, 국민 기초생활 보장법 등 다양한 복지 법령과 제도들이 발전해 왔다.

만약 국가가 최저생계비 등 최소한의 기준을 충족시키지 않을 경우, 위헌이 될 수 있고, 헌법재판소에 의해 구제받을 수 있다. 헌법 제34조는 국민 누구에게나 인간다운 생활을 보장하는 사회국가이념의 실현을 핵심으로 삼고 있는 조항이다.

1. 모든 국민은 인간다운 생활을 할 권리를 가진다.
2. 국가는 사회보장·사회복지의 증진에 노력할 의무를 진다.
3. 국가는 여자의 복지와 권익의 향상을 위하여 노력하여야 한다.
4. 국가는 노인과 청소년의 복지 향상 정책, 실시할 의무를 진다.

5. 신체장애 및 질병·노령 기타의 사유로 생활 능력이 없는 국민은 법률이 정하는 바에 의하여 국가의 보호를 받는다.
6. 국가는 재해를 예방하고 그 위험으로부터 국민을 보호하기 위하여 노력하여야 한다.

3. 문화란 무엇인가?

문화는 인간 사회에서 형성된 생활양식의 총체로, 물질적·정신적 요소를 포함하는 복합적 개념이다. 이는 인간이 자연환경에 적응하며 발전시킨 모든 창조물과 행동 양식을 포괄한다. 에드워드 타일러는 문화를 "지식, 신념, 예술, 도덕, 법, 관습 등 인간이 사회의 일원으로서 획득한 모든 능력과 습속의 총합"으로 정의했다.

문화는 공유성, 학습성, 축적성, 변화성, 전체성과 같은 특성과 함께 사회적 집단 구성원들 간에 공유되고 학습되며 시간이 지나며 축적되고 변화한다. 또한 문화는 물질문화(도구, 기계, 건축물), 제도 문화(법, 규범), 관념 문화(신념, 가치, 문학)로 나뉜다.

문화는 환경에 따라 다양하게 나타난다. 예컨대 농경사회에서는 정착을 강조하는 가치관이 발달했고, 유목사회에서는 이동과 적응력이 중요시되었다. 이러한 문화적 차이는 각 사회가 생존과 번영을 위해 만들어 낸 독특한 방식이다. 결국 문화란 단순히 외형적 요소를 넘어 인간의 사고와 행동을 형성하고, 세대 간 전승되며 사회를 유지하는 핵심적인 기반이라 할 수 있다.

4. 문맹과 문화

문명이 문화로 이어지는 과정은 인간의 삶에서 가장 본질적이고도 아름다운 전환의 순간을 보여준다. 문명은 인간이 자연을 개척하고, 생존을 위해 만들어낸 물질적 기반과 제도적 체계에서 출발한다. 농업, 도시, 기술, 법률, 정치와 같은 문명의 요소들은 인간이 혼돈 속에서 질서를 만들어가는 노력의 결과물이다. 그러나 문명이 단지 생존을 위한 도구로만 머물렀다면, 우리는 오늘날의 풍부한 문화적 유산을 누리지 못했을 것이다.

문명이 문화로 이어지는 과정은 인간의 창의성과 상상력이 개입할 때 비로소 시작된다. 도구는 단순한 생존의 수단에서 벗어나 예술적 표현의 매개체가 되고, 언어는 정보 전달을 넘어 시와 노래로 변모한다. 건축물은 단순한 거주 공간에서 벗어나 인간의 정신과 이상을 담아내는 예술 작품으로 승화된다. 이러한 변화는 인간이 물질적 기반 위에 정신적 가치를 더하며, 삶을 더욱 풍요롭게 만들고자 하는 본능에서 비롯된다.

또한 문명이 문화로 발전하는 데에는 시간이 필요하다. 문명은 처음에는 기능적이고 실용적인 형태로 존재하지만, 세월이 흐르며 그 안에 담긴 의미와 상징이 축적된다. 예컨대, 고대의 피라미드는 단순히 왕의 무덤으로 지어졌지만, 오늘날에는 그 시대 사람들의 신앙과 세계관을 엿볼 수 있는 문화적 상징으로 자리 잡았다. 이처럼 문명은 시간이 지나면서 그 자체가 하나의 이야기와 정체성을 담아내는 문화로 변모한다.

결국 문명이 문화로 이어지는 과정은 인간이 단순히 살아가는 존재를 넘어 '어떻게 살 것인가'를 고민하기 시작할 때 이루어진다. 이는 물질적인 풍요를 넘어 정신적인 충족을 추구하는 여정이며, 인간이 자기 스스로 자신을 이해하고 세상과 조화를 이루려는 노력의 결과다. 문명은 문화의 씨앗이고, 문화는 그 씨앗이 꽃피운 결실이며 이 둘은 서로를 완성 시키며 인류 역사를 더욱 풍요롭고 다채롭게 만들어왔다.

5. 사회복지

사회는 인간의 기본적인 욕구를 충족시키고, 사회적 문제를 해결하며, 모두가 존엄한 삶을 살 수 있도록 돕는 체계적이고 조직적인 활동이다. 이는 개인과 집단의 복지를 증진하고, 사회적 안정과 질서를 유지하기 위한 법률, 프로그램, 급여, 서비스로 이루어진다.

사회복지의 핵심은 인간의 삶의 질을 향상하기 위한 문화에 따른 것이다. 이를 위해 사회복지는 경제적 지원뿐 아니라 교육, 보건, 여가와 같은 다양한 영역에서 인간의 전인적 발달을 돕는다. 예컨대, 아동에게는 양질의 교육과 보호를 제공하고, 노인에게는 안전한 생활 환경과 의료 서비스를 보장하는 것이 그 예다. 이러한 활동은 단순히 생존을 위한 지원을 넘어, 각 개인이 자기의 잠재력을 실현하고 사회에 기여(寄與)할 수 있도록 돕는 것에 그 중점을 둔다.

또한 사회복지는 사회적 약자를 보호하고, 불평등을 완화하며, 모든 사람이 공정한 기회를 누릴 수 있도록 한다. 이는 단지 특정

계층에 국한되지 않고, 모든 구성원이 행복하고 안정된 삶을 영위할 수 있는 환경을 조성하는 데 기여하고 이를 통해 다양한 가치를 지닌 문화는 일종의 복지 차원에서 국가가 이를 사회복지 또는 문화복지 혜택을 통해 개인과 공동체 간의 조화를 이루고, 지속 가능한 발전을 가능하게 한다.

결국 문화와 사회복지는 인간 존엄성과 연대라는 가치를 중심으로 한 활동이다. 이는 단순한 자선이나 시혜를 넘어, 모두가 평등하게 권리를 누리고 책임을 다할 수 있는 사회를 만드는 데 필수적인 기반이며, 현대사회의 중요한 과제이자 목표라 할 수 있다.

6. 문화복지

각 생애주기의 발달에 따른 문화복지의 적용은 사회복지와 연관된 양축으로 문화복지를 생애주기의 발달 단계에 따라 적용한다는 것은 각 개인이 삶의 모든 단계에서 문화적 권리를 누리며 성장할 수 있도록 맞춤형 지원을 제공하는 것을 의미한다. 이는 단순히 사회복지 차원을 넘어 문화적 접근성을 보장하는 것으로 개인의 정서적, 사회적, 창의적 발달을 돕는 중요한 역할을 한다.

영유아기에는 정서와 신체 발달을 돕는 프로그램이 필요하다. 문화예술 활동 강사를 유치원과 어린이집에 파견하여 미술, 음악, 이야기 등을 통해 창의력을 키우고, 초기 감수성을 자극하는 활동이 적합하다. 예컨대, '독서 운동'과 같은 언어 치유 교정 프로그램은 언어 발달과 상상력을 자극하며, 이야기를 들려주는 활동은 아이들에게 전통문화를 자연스럽게 접할 기회를 제공한다.

청소년기에는 학업과 여가를 균형 있게 병행하며 자아를 형성할 수 있는 문화 활동이 중요하다. 학교 내 문화복지 강사 배치를 통해 다양한 문화예술 체험 기회를 제공하거나, 지역사회에서 스포츠 및 공연 관람 프로그램을 운영하여 청소년들이 문화적 경험을 통해 자신감을 키울 수 있도록 돕는다.

청년기와 성인기에는 자립과 창의성을 지원하는 문화복지가 필요하다. 대학생과 청년층에게는 '문화 패스'와 같은 관람료 할인 제도를 통해 경제적 부담을 줄이고, 직장인들에게는 여가와 사회적 소통을 지원하는 프로그램이 적합하다. 이를 통해 청년들은 문화 활동을 통해 스트레스를 해소하고 새로운 아이디어를 얻을 수 있다.

중년기와 노년기에는 삶의 만족도를 높이고 사회적 고립을 방지하기 위한 문화복지가 중요하다. 은퇴를 앞둔 중년층에게는 재사회화 프로그램과 여가 활동 기회를 제공하고, 노년층에게는 '생활 건강 지도사 실버 스포츠', 또는 '문화학교'를 통해 건강한 삶과 사회적 참여를 지원한다. 이는 정서적 안정감을 제공하고 세대 간 소통의 장을 마련하는 데 기여(寄與)한다.

결국, 생애주기별 문화복지는 개인의 삶의 질을 향상하여 사회통합에 기여(寄與)함으로써 모든 사람이 자신의 발달 단계에 맞는 문화적 풍요로움을 누릴 수 있도록 돕는다. 이는 단순한 복지 정책이 아니라, 인간다운 삶을 위한 필수적인 기반이다.

7. 개인이 국가로부터 요구하여 받을 수 있는 권리

　개인이 국가에 요구할 수 있는 사회복지와 문화복지의 법적 권리는 헌법과 다양한 법률을 통해 명시되어 있으며, 국가는 이를 실현할 의무를 진다. 이러한 권리는 인간다운 삶을 보장하기 위한 기본적인 사회적 안전망으로 기능하며, 개인과 국가 간의 법적·제도적 관계를 규정한다.

　사회복지 차원에서, 헌법 제34조는 모든 국민이 인간다운 생활을 할 권리를 가진다고 명시하고 있다. 이를 구체화하기 위해 사회복지법은 생존권적 기본권을 실현하는 다양한 급여와 서비스를 규정한다. 예를 들어, 국민은 최소한의 생활 수준을 보장받기 위해 사회복지 급여를 요구할 권리가 있으며, 국가는 이를 제공할 의무를 진다. 이는 경제적 지원뿐만 아니라 교육, 의료, 주거 등 다양한 영역에서 이루어진다. 특히 사회적 약자와 취약계층에 대한 특별한 보호는 국가의 재정적 책임과 직결된다.

　문화복지 차원에서는, 헌법과 문화기본법이 국민의 문화권을 기본권으로 인정하고 있다. 문화권은 인간다운 생활의 필수 요소로 간주 되며 국가는 이를 보장하기 위해 문화예술진흥법과 같은 법률을 통해 정책을 시행해야 한다. 국민은 문화 활동에 접근할 권리와 이를 향유(享有)할 권리를 요구할 수 있으며, 국가는 이를 실현하기 위한 재정적·제도적 지원을 제공해야 한다. 예컨대, 문화복지를 통해 공연 관람, 창작 활동 지원, 지역 문화 활성화 등이 이루어질 수 있다.

결국, 사회복지와 문화복지는 국민이 존엄한 삶을 살 수 있도록 보장하는 국가의 의무이며, 개인은 이러한 권리를 적극적으로 요구할 수 있다. 이는 단순한 시혜가 아니라 법적으로 보장된 권리로서, 국가와 개인 간의 신뢰와 연대를 강화하는 중요한 기반이다.

8. 권리의 개념과 사회 문화 복지급여 수급권

1) 권리의 개념과 권리구제

권리는 법적으로 보장된 개인의 이익을 의미하며, 사회 문화 복지 급여수급권은 헌법 제34조에 명시된 생존권을 구체화한 법적 권리로 문화복지 카드를 발급하여 보급하고 있다. 이는 금전적 급여를 통한 최소한의 생활 보장과 비금전적 급여를 통한 재활 및 복지 증진을 포함한다. 권리구제는 이러한 권리가 침해되었을 때 이를 회복하거나 보호하기 위한 법적 절차로, 심사청구, 재심사청구, 행정소송 등이 포함된다.

2) 권리와 구별되는 개념 및 권리구제 유형

권리는 단순한 시혜나 반사적 이익이 아닌 법적으로 보장된 청구권이다. 권리구제는 크게 행정적 절차(심사 및 재심사)와 법적 쟁송(爭訟)(행정소송, 헌법소원)으로 나뉜다. 예를 들어, 국민 기초 생활 보장법 제21조는 급여 신청 및 심사를 통해 수급권을 보호하도록 규정하고 이에 따라 문화복지 차원에서 연간 사용할 수 있는 문화복지 카드를 해마다 연장 발급받아 사용할 수 있다.

9. 사회복지 급여수급권

1) 개념과 규범적 구조
 사회복지 급여수급권은 사회복지법에 근거하여 금전적·비금전적 급여를 청구할 수 있는 구체적인 권리이다. 규범적 구조는 실체적 권리(급여 청구권), 수속적(手續的) 권리, 예컨대 민간(民間) 변호(辯護) 선임(절차 참여 및 공정한 대우 요구), 절차적 권리(권리 실현을 위한 법적 보장)를 포함한다.

2) 보호와 제한
 수급권은 헌법과 사회복지법에 따라 보호되며, 국가가 이를 보장할 의무를 진다. 그러나 재정 상황이나 법률에 따라 제한될 수 있다. 예를 들어, 사회보험법은 특정 조건에서만 급여를 지급하도록 규정한다.

3) 소멸
 사회복지수급권은 수급 요건 충족 여부, 사망, 또는 법률상 정해진 조건에 따라 소멸할 수 있다. 이는 수급자의 자격이 상실(한시적)되거나 급여 목적이 달성되었을 때 발생한다.

결론
 사회복지 급여수급권과 문화복지 생활은 인간다운 삶을 보장하기 위한 핵심적인 법적 권리로, 국가는 이를 실현할 의무를 책임진다. 개인은 이를 통해 생존과 복지를 요구할 수 있으며, 침해 시에는 다양한 구제 절차를 통해 보호받는다.

2

스포츠 문화복지사의 활동 방안

1. 문화복지사의 활동

문화복지사는 다양한 문화적 자원을 활용하여 복지 증진과 삶의 질 향상을 도모하는 전문가로, 다음과 같은 활동을 수행한다.

1) 문화복지 서비스 기획 및 제공

문화 프로그램을 기획하고 실행하여 지역 주민과 소외계층이 문화적 경험을 누릴 수 있도록 지원한다. 예를 들어, 공연, 전시회, 문화 체험과 같은 프로그램 등을 통해 문화 접근성을 높인다.

2) 소외계층 지원

장애인, 저소득층, 노인 등 문화소외계층의 문화적 낙오를 방지하고, 이들의 문화권을 보장하기 위해 활동한다. 이를 통해 사회적 통합과 형평성을 추구한다.

3) 교육 및 강의

학교, 주민센터, 복지시설 등에서 문화예술 교육프로그램을 운영하며, 지역사회의 문화 역량 강화를 돕는다. 방과 후 교사나 지역 강사로 활동하기도 한다.

4) 프로그램 개발 및 연구

지역사회와 협력하여 새로운 문화복지 프로그램을 개발하고, 이를 보급하며 지속 가능한 복지 체계를 구축한다. 또한 관련 정책과 제도를 연구하여 발전 방향을 제시한다.

5) 권익 옹호 및 사회적 인식 제고

취약계층의 권익을 옹호하고, 문화복지의 중요성을 알리는 캠페인이나 홍보 활동을 통해 사회적 인식을 높인다.

6) 지역 축제 및 이벤트 기획

지방자치단체와 협력하여 지역 축제나 관광 이벤트를 기획하고 운영하며, 이를 통해 지역 경제와 문화를 활성화한다.

문화복지사는 이러한 활동을 통해 개인의 삶의 질 향상뿐 아니라 지역사회와 국가 차원의 문화적 풍요로움을 실현하는 데 중요한 역할을 한다.

2. 구체적인 실행 방안

1) 탁구를 활용한 스포츠 문화복지 크리에이트 프로그램

탁구를 활용한 스포츠 문화복지 프로그램은 지역사회의 건강 증진과 사회적 유대 강화를 목표로 다양한 방식으로 진행할 수 있다.

① 아동 또는 청소년

어린이나 청소년을 대상으로 방과 후나 돌봄 탁구 교실을 운영하여 체력 증진과 스트레스 해소를 돕고, 또래 간의 협력을 강화한다.

② 노인

노인들에게는 탁구를 활용하여 치매 예방, 근력 강화, 정서적 안정을 지원한다. 노인복지관이나 마을회관에서 정기적인 강습을 제공할 수 있다.

③ 취약계층

저소득층 아동이나 장애인을 대상으로 무료 탁구 강습을 제공하여 건강 증진과 사회 적응력을 높인다.

2) 지역사회 연계 활동

① 탁구 동아리 운영
  탁구를 통해 지역 주민들이 참여할 수 있는 탁구 동아리를 결성하고, 이를 통해 세대 간 교류와 친목 도모를 촉진한다.
② 지역 축제와 대회 개최
  지역 단위의 탁구 대회를 열어 주민 참여를 독려하고, 지역 경제 활성화에도 기여(寄與)한다.
③ 정신건강 및 재활 프로그램
  우울증이나 스트레스를 겪는 주민들을 대상으로 맞춤형 탁구 레슨을 제공하여 심리적 안정과 사회 복귀를 지원합니다.
④ 협동조합(協同組合) 및 사회적기업 모델
  탁구장을 기반으로 한 사회적 협동조합을 설립하여 취약 계층에게 일자리와 스포츠 기회를 제공한다. 예를 들어, 장애인 재활 프로그램이나 노인 치매 예방 프로그램과 연계한 비즈니스 모델을 개발할 수 있다. 각 기업에는 의무적으로 비축해 놓은 사회적 환원 예산금이 있다. 기업에서는 운동시설을 비취하고 생활상의 문제를 돕는 생활 건강(탁구) 지도자, 또는 문화복지사 및 심리상담사 자격증을 소지한 지역사회 전문 자원 활동가를 시간별 강습자로 채용하여 의무적으로 이를 시행할 수 있다.
⑤ 시간대별 맞춤 운영
  직장인을 위한 저녁 시간대 강좌를 개설하거나 가족 단위로 참여할 수 있는 프로그램을 마련해 다양한 계층의 참여를 유도한다.

탁구는 단순한 스포츠를 넘어 건강, 심리적 안정, 사회적 연대를 강화하는 중요한 도구로 활용될 수 있다. 예를 들면 〈사회적 관계 훈련 프로그램〉 등을 통해 갈등 해결을 위해 문화적이며 사회적으로 인성의 성장을 도모할 수 있고 이러한 프로그램은 지역사회의 삶의 질 향상에 크게 도움을 줄 수 있다.

3. 문화복지에 따른 심리 상담 지원

지역 복지관에서 탁구와 같은 스포츠 문화복지 프로그램과 심리 상담을 통합적으로 진행하려면 다음과 같은 구체적인 준비와 실행 방안을 마련할 수 있다.

1) 프로그램 기획 및 설계

① **목표설정**
탁구를 통한 신체 건강 증진과 심리적 안정 도모를 목표로 설정.
② **대상 선정**
노인, 청소년, 장애인, 저소득층 등 지역 내 취약계층을 우선 대상으로 삼고 점차 중 장년 동아리 그룹으로 설정해 나갈 수 있다.
③ **프로그램 구조**
탁구 강습 및 경기 활동은 주 1~2회로, 심리상담 세션은 개인 또는 집단 상담프로그램으로 월 1~2회를 실시하고 상반기 하반기에 한 번씩 전체 야외 활동으로 집단 사회성 관계 〈갈등 해결 능력〉 프로그램을 진행할 수 있다.
④ 한 해를 아우르는 마무리는 문화복지 차원의 행사로 스트레스 관리 및 심리적 회복을 위한 워크숍 〈우리 가족 케릭터 모델〉 기

질 검사나 성격유형에 따른 다양한 심리프로그램을 개최할 수 있다.

2) 심리상담 연계

① 전문가 배치

간단한 생활상의 문제에 있어서는 심리상담사나 문화복지사가 이를 분별하여 사정할 수 있으나, 보다 전문적인 심리 사정이나 사회복지 차원의 도움이 필요할 때 이를 지역 내 전문 심리상담사를 초빙하거나 협력 기관, 예를 들면 정신 건강복지센터와 연계하여 상담 서비스를 제공하고 사회복지 차원에서는 관내 행정복지센터의 사회복지과에 이를 의뢰하여 도움받게 할 수 있다.

3) 상담 유형

① 개인 상담
우울, 불안, 스트레스 등 정서적 문제 도움
② 집단상담
대인관계 향상, 자기 이해 및 자아 성장, 갈등해결능력 배양
③ 위기 개입
자살 위험, 생애 위기 사건(사별, 이혼 등) 전문가지원
④ 심리검사 병행
초기 진단을 위해 성격 및 정서 검사, 스트레스 수준 평가 등을 진행한다.

4) 운영 방식

① **탁구와 심리 상담 연계**
탁구 활동 후 심리 상담을 진행하여 신체 활동 후의 정서적 안정감을 활용한다.
② 그룹 경기 후 팀원 간 대화와 피드백 시간을 통해 사회적 유대감을 강화한다.

4. 시간 및 장소 활용

1) 지역사회(교회 복지관) 또는 사회복지관 내 다목적실
탁구장 한쪽 상담실을 배치하여 이를 활용

2) 시간
주일 예배 후나 주중 저녁 시간대 주말을 활용하여 다양한 계층이 참여할 수 있도록 유연한 일정 제공

3) 홍보 및 참여 독려
지역사회에 홍보물 배포(포스터, SNS)

4) 참여자 모집 시 무료 또는 저비용 혜택 제공

5) 평가 및 사후관리

만족도 조사 - 프로그램 종료 후 설문조사를 통해 참여자 만족도를 평가한다.

(1) 심리 변화 추적

초기 심리검사와 비교하여 정서적 변화 여부를 확인하고 필요시 추가 상담을 제공한다.

(2) 커뮤니티 형성

프로그램 종료 후에도 참여자들이 지속적으로 교류할 수 있는 탁구 동아리를 운영하거나 정기 모임을 개최한다.

5. 예산 및 지원

1) 재정 확보는 지방자치단체의 문화복지 지원금 신청
2) 기업의 사회공헌활동(CSR) 연계
3) 외부 협력인 한국예술인복지재단 등 관련 기관의 심리상담 지원 프로그램 활용.
4) 지역사회 정신건강 심리상담 센터와 협력하여 전문성을 강화 등 이와 같은 통합 프로그램은 신체 활동과 심리적 지원을 결합함으로써 참여자의 전반적인 삶의 질을 향상하여 지역사회의 건강한 문화 형성을 촉진할 수 있다.

3

병풍 예방프로그램으로 활용하다

1. <u>스포츠, 문화복지사 크리에이터</u>가 활용해 볼 수 있는 프로그램

　① **병풍과 삶의 의미(미술)** : 지속적인 삶을 위해 필요한 12가지의 사물을 병풍 속에 그려 넣기
　② **문학치료 시(詩) 쓰기** : 창작활동

<봄눈>-장후용 시(詩)

꽃샘추위 봄을 땅 위에 서리서리 하얀 숨결에 풀은 얼얼함,
흩날리는 눈꽃 송이, 봄 춤을 부추기고 바람이 귓갈 스쳐도,
첫눈처럼 설레지도 않고 마지막 눈처럼 아쉽지도 않은 눈빛
영상이 지나듯 함박눈 한 조각 봄의 전령이 들판에 설이구나.

눈 위에 발자국 찍힐 겨를도 없이 차곡차곡 녹아드는 시간
우리가 남기고 갈 흔적은 어떤 추억의 자국을 찍는 중일까
눈물은 녹아 계곡을 따라 흐르고 강줄기는 바다에 출렁출렁
봄 눈에 녹아내린 천 조각, 섬들은 각자 뇌리의 자태란 걸

언제쯤 알게 될 수 있을까, 수증기가 구름으로 피어올라
오늘만은 내 마음속 고요한 꿈결에 곱게 새겨두고 싶은 날
햇살 밝은 창틀에 눈이 부서지도록 소복이 내려앉는 봄눈.

　③ **음악 치유** : AI인공지능 '수노음악' 이용하기

2. AI 인공지능 로봇 '수노'를 활용한 음악

1) 생활 건강 지도사의 인문학도 에이 아이 학습의 중요성에 대해 인식할 필요가 있다.

* 별 하나에 직선 2개를 활용하여 삼각형 10개 그려보기

내 마음 별을 따라 그리면 직선은 열 개의 삼각형 불가사리라는 별이라도 그려보지 않고 갈치는 일은 드물다.

상담도 그렇고 담론도 그렇다. 말해주지 않으면 나인 저를 모른다. 하지만 제가 사단법인 국민 생활건강진흥원 장후용 원장이라고 말하면 여러분은 저를 알게 되는데 바로 그런지(知)가 어떻게 상형(像型)되었는지는 예시 당초(唐椒) 고치는 것은 맵고 그렇게 쓴 상형문자에서 시작된 것이 그렇게 된 말이다.

알지(知)는 화살 시(矢)에 입구를 두었다. 이런 구(口)는 구체적으로는 지구력으로 나들목을 드나드는 목의 첫머리, 구멍, 땀구멍이나 목구멍의 말미잘은 항문의 철학이 말미잘은 화살의 과녁에 달린 동그라미처럼 "(既是聲旁也是形旁)-이미 기(既) : 이미, 벌써, 처음부터, 그러는 동안에, 이윽고. 옳을 시(是) : 바르다, 옳다, 고하다. 바르다고 인정, 바로잡다, 바르게 한다. 소리 성(聲) : 소리, 음향, 음성, 소리를 낸다. 탄식하는 따위, 음악, 곁방(傍) : 곁, 방, 성, 어조사야(也) : 또, 또한, 잇달아, 옳을 시(是) : 바르다, 옳다, 고하다. 바르다고 인정. 바로잡다, 바르게 한다. 형벌 형(刑) : 형벌, 형벌하다 죽이다. 꽃다울 방(芳) : 꽃다울, 향기풀, 향

기, 좋은 냄새, 명성, 등으로 곧 이 뜻은 인간의 말이 지식의 근원이며 이는 죄를 정확하게 말하는 것이다.

곧 지(知)는 수렵이나 작전에 사용되던 화살(矢-既是聲旁也是形旁)을 통해 이야기(口)하는 것으로, 본의는 수렵, 작전, 행군의 경험을 서로 이야기한다는 뜻이다. 이 말을 다음과 같은 말로 그려보면 '상형자전(象形字典),' '담논타렵(談論打獵)' '행군적경(行軍的經),

이 말의 뜻을 한자, 한자 풀어 쓰면 상형(象形) : 코끼리 상, 모양 형, (우리의 형상을 따라 흙으로 사람을 짓자- 곧 아담), 자전(字典) : 글자 자, 법 전, 담론(談論) : 말씀 담, 말할 론, 타렵(打獵) : 때릴 타, 사냥 렵. 행군적(行軍的) : 갈행, 군대, 과녁 적,(죄는 과녁을 벗어난 걸 말해요), 경험(經驗) : 날 경(經), 증험할 험(驗), 곧 매일매일 먹고 살면서 경험한 걸 쓴다.

3. 수필이나 시를 AI 가수 수노(水弩)가 부른 노래들

<뻐꾸기 우는 여름 들판에는> 1

여름날 뻐꾸기 소리, 여름 들판 푸릇푸릇하게 자란 벼를 보고 울었소. 단 한 평 논은 없어도 누렇게 익어가는 보리밭을 보고는 마냥 웃었소. 큰 산 논골, 다랑이 논맨 꼭대기에 있던 울 엄니 품 같던 안 골 밭 지기, 지금은 소안도 미라리 동네 사람들 목마름을 해갈하는 수원지가 되었는데 큰 산을 가로질러 메아리치는 뻐꾸기 노랫소리 내 가슴은 왜 이다지 먹먹 한지요

<나는 누구인가?> 2

거울 속의 나, 비추어진 모습은 어제와 다르지 않은 듯, 그러나 마음 속 깊은 곳엔 끝없는 질문이 흐른다. 바람에 흩날리는 나뭇잎처럼, 내 생각도 흩어져 어디로 향하는지 알 수 없고, 그 길 끝에서 나는 무엇을 찾으려 하는가. 시간의 강물 위에 떠 있는 작은 배처럼, 나는 어디로 흘러가는가. 어제의 기억과 내일의 꿈이 오늘의 나를 이루지만, 그 경계는 희미하다.

타인의 눈 속에 비친 나와 내가 느끼는 나는 다르다. 수많은 역할 속에서 진정한 나를 찾으려는 여정, 그 끝에 서서 나는 묻는다. 나는 누구인가. 수 없는 순간들이 모여 하나의 이야기가 되고, 그 이야기 속에서 나는 나 자신을 찾아간다. 나는 자신이 누구인지 탐구해 나가는 시작이 삶이다.

<나는 어디서 왔는가?> 3

한 점의 별빛이 어둠을 가르고 먼 우주를 떠돌아 바람에 실려 푸른 지구에 닿았네. 먼 옛날, 시간의 흐름 속에 씨앗이 뿌려지고 대지의 품에서 조용히 숨을 쉬며 새싹으로 깨어났네. 나는 바람과 함께 산과 들을 넘고 강물 따라 흘러 수없는 이야기 속에 작은 조각이 되어 세상에 스며들었네. 어디서 왔는가, 묻는다면 나는 별빛과 바람, 흙과 물의 노래로부터 지금 이곳에 서 있는 나 자신이라 답하리.

<나의 존재를 인식하다 사건의 지평> 4

나는 바람, 스쳐 지나가는 한 줄기 소리, 그 속에 숨은 꿈과 기억, 잊어버린 시간 내 안에 흐르는 수많은 이야기. 나는 별, 어둠 속의 빛, 수천 년을 바라보며 사람들의 소원을 들어주는 고요한 눈빛의 수호

자. 나는 나무, 뿌리 깊은 땅에 서서히 자라나는 삶의 힘, 바람에 흔들리며 노래하는 자연의 리듬을 느끼는 존재. 나는 물, 흐르는 강물처럼 변화무쌍한 감정의 파도, 때로는 잔잔히, 때로는 격렬히 내 마음의 깊이를 탐험하는 나는 나, 그 모든 것의 집합체, 질문과 답이 얽힌 실타래 끝없이 이어지는 탐구의 여정, 내가 누구인지 알아가는 시간.

*- 이 시는 내가 누구인지에 대한 탐구를 담고 있다. 각 요소는 나를 구성하는 다양한 면모를 상징하며, 삶의 복잡성과 아름다움을 표현하고 있음을 보여준다.

<고생길 나는 어떻게 살았는가?> 5

고생길 어둠 속에서 길을 찾으며 희미한 주님의 빛 하나에 의지했네. 험난한 길 위에 발자국 남기며 바람과 비를 친구 삼아 걸었지, 눈물은 강물이 되어 흐르고 마음의 돌은 무거웠지만, 그 속에서 피어난 작은 꽃이 희망의 불씨가 되어주었네. 고된 날들 속에서도 웃음을 잃지 않고 작은 기쁨을 모아 보석으로 삼았네. 때로는 넘어지고 때로는 멈추었지만, 다시 일어나 한 걸음 내딛었지. 그리하여 오늘의 내가 되었고, 고생은 나를 강하게 만들었네. 이제는 그 길을 돌아보며 감사와 자부심으로 가슴을 채우네.

<고생은 학습된 교훈의 기억인걸> 6

고생을 한 시기에는 누구나가 다 그런 다양한 감정이 뒤섞일 수 있지, 고생 중 느낀 감정들 여기 몇 가지 일반적인 감정과 그에 대한 설명을 정리 해보아, 고생한 과정 중에서 종종 슬픔이나 우울감을 느낄 수 있었어. 힘든 상황이 지속되면 절망감이 커지고, 미래에 대한 불안이 마음을 짓눌렀지, 분노와 좌절은 고난과 역경 속에서 자신이나 상황에 대한 분노가 생겨났어. 왜 이런 일이 나에게 일어나는지 좌절감이 커질 땐 이를 극복하려는 의지가 흔들렸어.

외로웠어. 주변 사람들과의 관계도 소원해지고 이해받지 못한다는 기분이 들었어. 이럴 때 원망은 나와 고통을 나눌 사람이 없다는 생각이 더욱 힘들고 화가 났어. 하지만 그럴수록 강해지려는 건 희망과 인내, 어려운 상황 속에서도 희망의 끈을 놓지 마, 처음 취득한 자격증 긍정적인 변화, 다시 내가 일어설 수 있는, 힘을 얻기도 했지. 자아 발견은 역할의 혼미에서 벗어나 자신의 고생을 통해 자기를 돌아보아요.

내가 진정으로 원하는 것이 무엇인지 깨닫게 되는 경우가 자아의 발견. 모든 성장의 기회가 되는 자아의 발견은 승인을 받아야만 겸손해지지. 힘든 시간을 겪으면서 작은 것에 감사하는 마음이 커질 수 있어, 고생을 통해 배운 교훈은 삶의 소중함과 겸손함을 일깨워주니까 꼭 명심해. 고생은 힘든 감정을 동반하지만, 그 속에서도 성장과 변화(變化)를 가져다준다는 것을, 중요한 경험의 감정들은 시간이 지나면서 더 깊은 이해와 통찰로 발전할 수 있어요.

<유년기의 고생> 7

어린 시절, 작은 어깨 위에 세상의 무게가 얹혀 있었네. 작은 손으로는 감당하기 힘든 삶의 무게가 나를 짓눌렀지. 햇살이 밝아 눈부신 날에도 마음속엔 구름이 가득했네. 친구들의 웃음소리 멀리서 들려와도 나는 홀로 길을 걸었지. 학교 가는 길목, 낡은 신발로 비포장 길을 터벅터벅 걸으며, 꿈꾸던 미래는 아득히 멀고 현실은 차갑게 나를 맞았네. 하지만 그 고생 속에서 자란 단단한 마음과 강인한 의지. 유년기의 눈물은 나의 뿌리가 되어 지금의 나를 키워주었네. 어느새 성숙해진 나의 모습에 그때의 고생이 빛을 발하네. 어린 시절의 나에게 감사하며, 오늘도 나는 앞으로 나아가네.

<유년기의 고생에서 배운 교훈> 8

나의 유년기 내가 경험한 이야기 다른 사람들에게 전하고 싶어요. 이때가 바로 개인적 경험 공유할 때 나의 이야기를 통해 어려움 속에서 얻은 교훈을 진솔하게 나누면 공감을 끌어낼 수 있어요. 본보기는 삶의 아픈 운동성이라 행동하라고 해요. 말뿐만 아니라 삶으로 보여주는 것이 중요하지요. 행동을 통해 고난을 극복한 모습을 보이면 더 강력한 메시지를 전달할 수 있어요.

* 이와 같이 교육과 멘토는 젊은 세대나 주변 사람들에게 직접 가르치거나 교훈하며 먼저 겪은 고난 속에서 얻은 지혜를 전파할 수 있다.

<사춘기의 혼란> 9

거울 속의 나, 낯설고 어색한 변화의 바람이 불어오는 시절, 마음은 갈피를 잡지 못하고 생각은 끝없는 미로 속 헤매네. 친구들의 웃음 속에 숨겨진 나만의 고민과 불안한 마음, 어디로 가야 할지 모르는 길 위에 혼자 서 있는 듯한 외로움, 작은 일에도 크게 흔들리고 감정의 파도는 끝없이 밀려오네.

어제의 나는 오늘의 내가 아니고 내일의 나는 또 다른 내가 될까. 그러나 이 혼란 속에서도 조금씩 나를 찾아가는 여정, 사춘기의 바람은 나를 흔들지만 결국엔 더 단단한 나를 만들어주리라. 이 시절의 혼란도 언젠간 지나고 새로운 나를 만날 날이 오리라. 그때까지 흔들리는 나 자신을 따뜻하게 안아주리라.

<소년이 걸어온 길> 10

어두운 밤, 별빛조차 숨죽인 시간, 내 앞엔 끝없는 터널이 펼쳐져 있었지. 한 걸음, 또 한 걸음, 발밑엔 자꾸만 무너지는 모래길, 눈물로 적신 베개는 나의 친구였고, 침묵 속에서 외로움은 나를 삼키려 했어. 하지만 내 안의 작은 불씨 하나, 꺼지지 않는 희망의 속삭임이 있었지, "멈추지 마, 너는 더 강해질 거야." 이 말에 기대어 다시 일어섰고, 넘어진 자리마다 꽃씨를 심었지. 시간이 지나 그 꽃들은 나를 감싸안아 주었어. 청춘의 바람은 차갑고 거칠었지만, 그 안에서 나는 나를 찾았고, 흔들리던 나무는 뿌리를 깊게 내렸어. 이제 나는 말할 수 있어. 그때의 아픔은 나를 빛나게 했다고. 내가 걸어온 길 위에 핀 꽃들은 내가 살아냈던 모(母)든 날들의 증거라고.

<청년의 갈림길> 11

어둠 속에서 길을 찾으려 헤매는 발걸음, 빛을 향해 달려가지만 어디로 가야 할지 모르는 청춘이여. 바람은 차갑고, 별들은 멀리서 반짝이며 속삭이듯 말하네, "길은 너의 마음속에 있다." 고뇌의 강을 건너며 흐르는 눈물 속에 희망의 씨앗을 심고, 내일을 위한 꿈을 꾸네. 무거운 짐을 내려놓고 새로운 날개를 펼칠 때, 비로소 알게 되리라. 고뇌는 성장의 다른 이름, 청춘이여, 두려워 말라. 네가 걷는 이 길은 너만의 것이니, 끝내는 반드시 빛나는 길이 되리라.

<결혼 앞에서의 두려움> 12

사랑은 봄날의 바람처럼 다가왔네, 따스하고 부드럽게, 나를 감싸주었지. 우리는 서로를 믿고, 서로를 꿈꾸며 같은 길 위에 서기로 약속했네. 하지만 문득, 그 길 앞에서 멈춰서니 내 마음속에 작은 파도가 일렁이네. 결혼이라는 이름의 거대한 바다, 그 끝을 알 수 없는 깊이를 바라보며 혹시 내가 너를 온전히 지켜줄 수 없을까? 혹시 우리의 사랑이 바람에 흔들릴까? 행복만을 약속하고 싶지만, 삶은 언제나 예측할 수 없는 법.
그러나 두려움 속에서 깨닫게 되네, 사랑은 완벽함이 아니라 용기라는 걸, 함께 걸어가는 길 위에서, 우리는 서로의 빛이 되어줄 테니. 두려움마저도 사랑의 일부라면, 나는 그 감정마저 품고 나아가리라. 너와 함께라면 어떤 바다도 건널 수 있으니, 결혼이라는 항해를 시작할 준비가 되었네.

<환희> 13

밤하늘 별빛 아래 춤을 춰, 우리는 다 해방돼 소리쳐, 내일은 또 새로워, 느껴봐 바람이 속삭여, 손을 잡고 끝없는 길 떠나, 쳐다봐 하늘엔 무지개 떠, 멈추지 말고 깊이 빠져봐 지금의 이 순간 우린 자유로워, 환희가 가득한 이 순간, 모두가 함께 노래 불러봐, 어둠이 다가와도 소용없어, 우린 빛나니까 걱정 마라, 달빛 비춰는 저 바다 위, 너와 나 벗어나야 자유롭지, 떨림 가득 영혼을 불태워, 마음은 가볍게 날아가 더 멀리, 환희 속에 빠져드는 이 밤, 끝없이 춤을 춰봐 모두 다, 반짝이는 눈빛 속에 반짝 너와 나 하나 돼 이 순간, 환희가 가득한 이 순간, 모두가 함께 노래 불러봐, 어둠이 다가와도 소용없어, 우린 빛나니까 걱정 마라.

<사추(邪推)기 중년기에 이르러> 산문 14

중년기에 겪는 감정의 변화는 주로 호르몬의 변화와 사회적 요인에 의해 발생합니다. 여성의 경우 에스트로겐 감소로 인해 우울, 불안, 짜증 등의 감정 변화를 경험하며, 이는 가족에게도 영향을 미칠 수 있습니다. 남성 역시 테스토스테론 감소로 피로감, 무기력과 함께 감정 변화를 겪게 됩니다. 또한, 중년기의 생성감과 감정표현 억제는 정신적 웰빙과 우울감에 큰 영향을 미칩니다.

이러한 감정 변화는 중년기의 자연스러운 과정이지만, 적절한 대처가 필요합니다. 다행히 중년기의 감정 변화는 다양한 방법으로 관리할 수 있습니다. 자기 성찰을 통해 자신의 감정을 돌아보고 정리하는 것이 도움이 될 수 있습니다. 일기 쓰기, 명상, 자기 회고 등이 이에 해당합니다. 또한, 전문가 상담을 통해 자아정체성 문제를 해결하고 새로운 인생 목표를 설정할 수 있습니다.

건강한 생활 습관도 중요합니다. 규칙적인 운동과 균형 잡힌 식단, 충분한 수면은 우울증 증상을 완화하는 데 도움이 됩니다. 마지막으로, 사회적 교류를 늘리는 것도 좋은 방법입니다. 친목 활동과 가족 모임을 통해 사람들과의 교류 시간을 늘리고 외로움을 줄일 수 있습니다. 이러한 다양한 방법들을 통해 중년기의 감정 변화를 효과적으로 관리할 수 있습니다.

<빈 둥지> 15

아이들의 웃음소리, 바람처럼 스쳐 간 자리, 이제는 고요 속에 잠긴 집. 낮은 햇살이 비추는 빈방, 그곳엔 추억만이 머물러, 시간은 멈추지 않고 흐르고, 그들의 발걸음은 멀어졌네. 남겨진 흔적들 속에서 나는 새로운 길을 찾아야만 해, 창밖의 나무는 여전히 서 있고, 계절은 변함없이 돌아오지만,

마음 한켠, 허전함은 쉽사리 채워지지 않네. 그러나 이 빈 둥지는 끝이 아닌 시작임을 알리네. 새로운 꿈과 희망을 품고, 다시 날아오를

걸 준비 하며 삶의 또 다른 여정을 향해 나는 천천히 걸음을 옮기네. 빈 둥지는 비어 있지 않고, 사랑과 기억으로 가득 차 있네.

<이 나이가 되고 보니> 16

이 나이가 되어보니, 세월이 화살 같음이 느껴진다. 젊음의 날들은 지나가고, 지혜의 씨앗이 움트는 시간. 어린 시절의 꿈은 이제는 다르게 빛나고, 소중한 기억들은 마음의 보물창고에 쌓인다. 친구들과 나눈 웃음, 가족들과 따뜻한 순간들, 모두가 내 삶의 한 페이지, 추억으로 남아 나를 감싸준다. 이제는 작은 것에 감사하며, 매일 소중히 여길 때 바람에 실려 오는 향기,

햇살에 비친 나무 그림자. 이 나이가 되어보니, 삶의 의미를 조금 알 것 같다. 사랑과 이해로 가득 찬 마음, 그것이 진정한 행복임을. 앞으로도 계속 걸어가리라, 희망과 꿈을 품고서. 이 나이가 주는 깊이를 느끼며, 또 다른 날들을 맞이하리라.

<이순이라면> 17

벌써 60대 이순이라니, 세월의 흐름 속에 어느새 60년을 지나온 나, 이순을 살고 칠순의 문턱에 서서 삶의 깊이를 되새겨 보니, 젊음의 열정은 사라진 대신 그동안 쌓인 지혜가 나를 감싸고 있네. 젊은 날의 꿈은 어디로 피어났는가, 그리움과 후회가 교차하는 길목. 세상은 여전히 빠르게 변하고, 기술의 물결은 나를 덮치지만, 나는 그 속에서 살아야 하네. 느리게, 느리게, 한 걸음, 또 한 걸음, 길 위에 새겨지는 내 발자국들, 사랑했던 사람들 하나둘 얼굴들이 떠오르고, 그리운 사람들의 목소리가 내 마음을 채운다.

기억의 조각들로 엮인 인생, 그 속에서 나는 나를 되찾는다. 이제는 나의 이야기를 들려줄 시간, 이웃들에게 전할 수 있는 지혜를, 어둠 속에서도 빛을 찾는 법을, 사랑과 연민으로 세상을 바라보는 법을 60대가 이순이라면 새로운 시작의 문이 열리고, 마지막 페이지가 아닌 새로운 장으로, 인생의 아름다움을 다시 쓰는 시간. 이제 나는 나 자신을 사랑하고, 내가 걸어온 길을 자랑스럽게 여긴다. 60대를 지나도 70대가 다가와도 나는 더 이상 두렵지 않다. 그저 오늘 내 삶의 향기를 느끼며, 한 걸음, 또 한 걸음, 느리게 내디딘다.

<종심소욕불유구 칠순의 삶을 맞이하며> 18

세월의 흐름 속에 흐릿한 기억들이 쌓여가고, 종심소욕, 불유구의 길, 내 마음의 소망은 어디에 있을까. 어릴 적 꿈은 별처럼 빛났고, 그 꿈을 좇아 달려왔던 길, 하지만 바람에 흔들리는 나무처럼, 때론 방향을 잃고 방황했지. 사랑과 이별, 기쁨과 슬픔, 모두 내 삶의 한 페이지, 그 속에서 배운 것들, 나를 더 깊이 이해하게 해주네.

이제는 돌아보는 시간, 그 모(母)든 진리들이 나를 만들었고, 소중한 기억들은 내 마음의 보물창고가 되었네. 미소 짓던 날도, 눈물 흘리던 날도, 모두가 나의 일부, 종심 소욕을 품고 살아가며, 더 나은 내일을 꿈꾸리라. 이제는 그 길 위에서 조금 더 여유를 가지고, 내 마음의 소리를 듣고 싶어. 불유구의 길에서 진정한 나를 찾아.

논어의 위정편에 "종심소욕불유구(從心所欲不踰矩)"는 공자의 가르침에서 유래된 표현으로, "마음이 원하는 대로 하더라도 법도를 넘지 않는다." 의미로 이는 70세에 이르면 개인의 욕망을 따르더라도 도덕적 기준이나 사회적 규범을 어기지 않아야 한다는 것을 강조한다.

이 표현은 인간의 자유와 책임을 동시에 나타내며, 나이가 들수록 삶의 경험을 통해 도리와 조화를 이루는 삶을 지향해야 함을 상징한다. 종심소욕불유구(從心所欲不踰矩)는 현대 사회에서 개인의 욕망과 도덕적 기준 간의 균형을 강조하는 개념으로 적용될 수 있다. 이는 자신의 마음이 원하는 대로 행동하되, 사회적 규범이나 도리를 어기지 말라는 의미로 해석된다.

오늘날, 이 원칙은 윤리적 행동, 책임 있는 결정, 그리고 공동체의 조화로운 발전을 추구하는 데 중요한 역할을 한다. 개인이 자신의 욕망을 실현하면서도 타인의 권리와 사회적 규범을 존중하는 태도가 필요하고 이러한 접근은 지속 가능한 사회를 만드는 데 기여(寄與)한다.

<마지막 내 인생의 소망> 19

어둠 속에서 길을 잃고, 세상의 소음에 귀 기울이던 나, 그때, 한 줄기 빛이 내리비추고 하나님을 알게 된 그 순간, 내 마음에 평화가 스며들었고, 주를 앙모하는 신앙이 피어났네. 세상의 고난과 슬픔 속에서도, 주님의 사랑이 나를 감싸네.

내가 걸어온 길은 험난했지만, 주와 함께라면 두렵지 않으니, 마지막 숨결까지 주를 찬양하리

삶의 끝자락에서 돌아보니, 모든 순간이 주의 은혜였음을 깨달아 사랑과 희망으로 가득했던 날들, 주님과 함께한 그 모(母)든 기억들이 내 영혼의 기쁨으로 남아있네. 이제는 두려움 없이 나아가리, 마지막 내 인생의 소망은 오직 주님. 영원한 안식처로 나를 이끄시고, 주님의 품에서 영원히 살리라.

그리하여 나는 대지에 내리쬐는 주의 빛을 따라 주의 장막 안에 평안히 눈을 감으리.

<고래 잡던 포경선과 바벨탑> 20

누가 아궁이에 장작을 넣고 배 피나던 냉골에 불을 지펴 부지깽이 고래고래 소리치며 하늘로 쏘아 올리던 비땅질. 불이야 어찌 타들어 가든 뜻끈한 아랫목 둘이 파고들어 할례, 안 할례 재차 캐묻고 한바탕 나뒹굴고 난 후 마스크를 벗으면 누가 의사던 그간에 간밤을 하얗게 불태운 흔적 물집이 잡힌 입술 구술을 터뜨려도 손으로 막을 것 가래로도 못 막은 구들장

엄한 애만 죄로 남아 아니 땐 굴뚝에 연기만 맵고 난리가 날 때 떠나는 "고래사냥"은 바다에 그림자를 쫓아 사냥꾼들의 기억이 밝게 타오르고 잊혀진 멜로디의 메아리가 울려, 아픈 싸움의 속삭임이 들려, 고래 사냥꾼들, 조류에 휩쓸려 감출 수 없는 역사의 상처, 불타는 꿈, 부서지는 파도, 우리 마음이 간직한 침묵의 이야기

잊혀진 꿈에서 피어오르는 연기, 말하지 못한 고통으로 봉인된 입술 침묵과 필사적인 비명 사이에서 우리는 다시 표류하고 있어, 누가 기억 할 것인가, 누가 이해 할 것인가, 우리의 유산의 무게, 손에서 빠져나가 고래 사냥꾼들, 사라져 간다. 고래고래 소리치며 사라져 간다. 간다, 간다, 간다, 사라져 간다.

<사평역의 단상> 수필 21

겨울의 한가운데, 나는 여의도 국회의사당역 5번 출구 막아 놓은 사평역에 서 있다. 눈이 소복이 쌓인 플랫폼은 고요했고, 그 고요함 속

에서 나는 삶의 무게를 느꼈다. 그리고 떠오르는 기차놀이 허리가 끊기는 듯 고통스러운 기억 하나가 떠오르고, 곽재구가 시인하는 조기는 왜 열 마리나 스무 마리를 엮어 굴비라 부르는지, 거기에 왜 사과 한 광주리를 시세에 짚어 엮어 대합실 밖에 놓아두었는지 생각했다.

일상의 사소한 것들 속에 우리 삶의 애환이 담겨 있는 무덤덤한 이야기 사평역의 대합실에 시간이 멈추고 청색의 손바닥은 고요한 불빛 속에 고인돌, 사람들이 각자의 이야기를 가지고 이곳에 탄핵을 외치는 눈은 흰 보라, 수수꽃 같은 눈이 유리창을 덮고, 톱밥 난로가 꺼져버린 차가운 아스팔트 우리의 대표들이 모인 저들은 어디로 가야 할지 모르고 강남이나 나주, 혹은 이름 모를 광산으로 향하는 길을 모르고

삶의 방향도 모르는 토 풀 광어, 갈치는 삶은 때로 뫼비우스의 띠처럼 끝없이 반복되고 우리는 매일 같이 숨을 쉬고, 때로는 술에 취해 한숨을 내쉬는 그것이 은총인지 모르고도 단지 묘지가 산소란 걸 깨달아 보지 못하고 살아가는 저들에게, 사평역은 잠시 멈춰 서서 시위를 당긴 자신을 돌아볼 기회를 준다.

콜록거리는 기침 소리와 함께, 나는 이곳에서의 단상을 마음속에 새겼다. 사평역은 단순한 기차역이 아니다. 그것은 우리 삶의 한 부분이며, 우리가 어디로 가야 할지를 묻는, 질문이다. 이곳에서 나는 나 자신을 음송할 수 없었지만, 침묵하는 순간은 소중한 사평역의 겨울날, 나는 그렇게 나 자신과 마주하며 병일 한 날 친구와 함께 다시금 삶의 여정을 이어갈 힘을 무덤덤하게 손 빌어 장갑을 빌려주었다.

<이듬해 꽃> 22

당신은 자신이 꽃인 줄 몰랐나요. 봄바람에 흔들리는, 당신을 지켜봅니다. 당신 안에 눈부신 저 아름다움, 고개 숙인 채 피어나는 들꽃 한 송이, 당신의 존재가 얼마나 아름답게 빛나던지, 거울 속에 비친 자신을 본 적이 있나요? 그 속에 피어난 당신이 꽃인 줄은 알았나요. 세상이 널 안 봐도 괜찮아, 넌 이미 아름다운 꽃이야, 당신도 나도 우리가 꽃인 줄 몰랐어요, 이듬해도 눈부시게 피어나는 꽃인걸, 이제 나는 당신의 모습을 진정으로 이해하고 바라봅니다. 기쁠 때나 거룩한 슬픔일 때나 당신은 항상 꽃이었어요. 이듬해도 피어나 배시시 웃을 당신은, 당신은 한 포기 꽃이었어요.

<우리 사랑 이별에 앞서> 23

우리 서로 행복했던 시간 들, 우리 함께 사랑했던 순간들, 너무 아파 떠날 생각이라면 잊지 말고 기억을 해줘, 이별이 다가와 상처를 낸다 한들 아물기까지 만이라도 잠시 서로 감싸 주기를 바라.

남겨질 그리움들 저마다 가슴에 조각조각 간직한 추억 너무 아파 떠날 채비 하더라도, 내 사랑 따뜻한 그대 미소 그대 품속 잊지 못하니, 기억해 줘, 그 사랑이 너무 아파서 떠나가더라도 제발

이별은 꼭 아픈 순간이 찾아 와 그때가 넘어야 할 고빈 줄 알아, 함께한 시간이 소중한 줄 알아, 우리 서로 힘이 된다면 다시 또 그 사랑 기다릴 수 있지 않을까. 어차피 이젠 각자 마음먹은 길, 걸어갈지 몰라도

너는 항상 내 가슴에 있을 거야, 이별을 앞에 놓은들 어찌 잊을까, 우

리 서로 헤어짐을 받아들여도, 사랑했던 마음은 변하지 않아서, 우리의 사랑은 영원할 거라고 믿어도 이별은 아픈 순간이 와, 나는 이별을 알아

<고독한 소안도> 24
적막한 밤하늘에 외로운 별빛 하나, 내 마음 유성처럼 저 멀리 흘러가네, 텅 빈 내 안에서 메아리치는 침묵, 때때로 그리움이 나를 감싸고 돌면, 저문 밤 초승달은 날 더욱 외롭게 하네. 아아~고독한 친구, 너는 나의 그림자, 아무도 모르는 내 슬픈 이야기, 내 슬픈 이야기, 창밖의 차가운 바람, 쓸쓸히 울부짖는데 나는 어디로 흐르나, 내 영혼의 아픈 소리, 이 고요한 시간 끝없는 바다, 고독한 섬 안에서 아아~고독한 친구, 너는 나의 그림자,

<별과 바람과 함께 지나다> 25
달빛이 물결 위에 춤을 추네, 내 마음은 고요해, 맑은 호수처럼, 꽃잎이 바람에 흔들릴 때 내 가슴도 함께 울었지, 별빛 같은 꿈을 안고 사라지는 모든 걸 품어, 내 앞에 놓인 이 길을 담담히 걸어가리, 때론 슬픔이 찾아와도 이 감정을 받아들이고 더 강해진 나를 만나게 될 거야, 이 길을 걸어가며 내 영혼을 채워갈 거야, 모든 순간이 의미 있다는 걸 이제야 알게 됐어.

오늘 밤에도 별이 바람에 스쳐 운다. 아비타비 아비타시 백호의 점이나 줄무늬, 봄을 다시 피우는지 보고 또 보고, 연말의 추위 속에서 떨며 생각한 단어들, 올해의 사자성어를 되새기며 부끄럼 없는 길을 걸어가야겠다. 하늘 아래 별과 바람이 함께하는 이 길, 오늘도 나는 걷는다

<착각하지 마라> 26
자기가 착한 척하는 착각 속에 빠져, 말만으로 선과 악을 가려내려 해. 지혜로운 자는 행동을 보지, 돈을 어디에 쓰는지, 그게 진짜지. 선악의 진실, 선과 악은 상태일 뿐, 완벽한 선은 신에게나 있는 법 악행 속에서도 선행이 많다면, 그게 진짜 선한 사람인 걸.

일관된 착각, 아홉 번의 선행에 존경을 보내, 단 하나의 악행에 원수로 돌아서. 자신의 악행은 잊고, 세 가지 선행만 기억하며 정의롭다, 여겨. 예수의 말 "죄 없는 자가 먼저 돌을 던져라," 흠결 없는 선은 없으니. 유혹과 싸우며 상처 입어도, 선을 행하려 노력하는 그가 진짜야.

<푸른 소나무> 27
험한 산길 끝에 서 있는 소나무여, 세월의 풍파에도 꿋꿋이 자라나네. 고독한 겨울밤 추위를 견디며 변치 않는 푸른 잎 희망을 전하네

오, 푸른 소나무여 굽히지마라, 네 꿈과 이상을 끝까지 지켜라, 비바람 몰아쳐도 흔들리지마라, 영원한 푸르름으로 세상을 비추어라.

메마른 땅에서도 뿌리를 내리고, 하늘 향해 꿋꿋이 자라나네, 시련의 계절에도 굴하지 않고 변함없는 의지로 미래를 바라네

<마음의 숲> 28
골목길 끝나면 넓은 숲이 펼쳐져, 길 잃었던 내 마음 그 길 찾아가 눈부시게 빛나는 초록의 물결, 희망 가득 속삭이는 나무들, 바람에 흔들리는 나뭇잎 소리, 귓가에 머무르는 그 따뜻한 멜로디, 어느덧 찾아

드는 고요한 평화, 자연의 품속에서 나를 찾았네.

마음의 숲에서 다시 태어나 그늘진 내 영혼 새 빛을 찾아, 잊었던 꿈 다시금 시작돼 희망이 자라나는 마음의 숲에서 시간은 흘러가도 변치 않는 숲, 언제나 그 자리에 나를 기다려, 힘든 날 위로 해주는 넓은 품, 잊을 수 없는 마음의 고향이야,

모든 것을 잊고서 뛰어 들어가 걱정도 슬픔도 모두 지워져 바람에 날리는 꿈의 조각들, 하늘 끝까지 펼쳐져 눈부셔, 마음의 숲에서 다시 태어나, 그늘진 내 영혼 새 빛을 찾아 잊었던 꿈 다시금 시작돼, 희망이 자라나는 마음의 숲에서.

<호랑이도 저 말하면 온다.> 29

무음으로 전화 걸어서 왔다. 감쪽같이 사라진 사람한테 연락이 왔다. 1박 2일 피다. 원론은 재사회 권력으로 공기와 같은 자유로운 마음, 널리 널리 퍼트리는 말씨 글씨 솜씨는 목화 틀이 솜이불과 요에 씨를 감춘 연기자 문익점의 곰방대, 붓 뚜껑 속에 목화씨를 들여와 안동에다 심은 뜻은 일반계시, 소 안이 항일운동 태극기 섬이 될 것임이 예정되었던 인동덩굴, 내 가슴이 울었지, 대장과 소장은 항상 신령하게 겹쳐놓는 신장이기 마련, 장도의 옥쇠는 청구리의 옥산과 소안도의 옥문은 무덤덤한 산소 인주를 찍어야 묻어나는 장치국, 어느 참회인가 인동장씨 뇌리에 쥐 섬을 보고한 장복천, 사라진 원기의 수복이 부정이 인천인 가족의 공원, 모든 걸 품어 노와도 노아도 노화도 청구리에 무덤을 둔 뜻 내 앞에 놓인 이 길을 담담히 걸어가리라 옥쇠의 보존은 백호가 지닌 후용의 이마에 박힌 조강 날

내 졸은 쫄쫄거리며 셋 담 바다로 흘러가 너 분 널 조강 날 미라리에 황금 바위가 누운 소안도 보석은 원석이 놓인 이에 구석이 사평역, 먹먹해진 아버지 뜻 이제야 받아드린 거야, 이 길을 걸어가며 내 영혼을 채워갈 거야, 이 순간이 오길 기다렸어, 이제야 알게 됐어, 같이 갈 사람들을 정해야겠어, 방을 붙일 일로 창살 없는 감옥에서 벗어나 자유롭게 내 의지대로 살다가 돌아갈 마지막 소풍 처는 소안도 미라리 산불 아래 이에 구석 사평역에 번지는 산불이 피어난 진달래 ZZZ=X~IS~P다. 애가 탄 아가들아, 소안도 산불로 소풍 놀러 가자

<소안면 당사도 등대> 30

소안도 밤바다 얼어붙은 달그림자, 거센 물결 위로 위태롭게 흔들리는 똑딱선 나의 당사도 등대지기 어두운 바다를 향해 빛을 밝히네. 어둡고 외로운 밤 지키는 등대지기의 마음 끝없는 파도 위에 나의 사명을 노래해, 등대를 지키는 사람의 거룩한 사랑 바다의 등불로 세상을 비추네. 고요한 밤 평화로운 바다 위의 등대여 너는 꺼지지 않는 등불 등대여 소안면 당사도 등대여 너는 영원히 빛나리라

<꽃 본 나비 흐무러지다> 31

꽃밭에 나비 날아들어 에루화 향기 머금고 꿈을 꾸네. 에 에이요, 에 해이요 어허 어 희어 얼 삼마, 동구 디여라 내 사랑아, 바람 속삭이고 나무 춤을 추네. 에루화 나비 자연 품에 쉬어가네. 아예 해루 애로와 어허 이 어허 얼 삼마 동계 디여라 내 사랑아, 에헤야 디야 꽃밭에 나비가 에헤야 디야 날아들었네. 꽃잎 위에 앉아서 향기를 머금고서, 에헤야 디야 꿈을 꾸네. 바람은 속삭이고 나무는 춤을 추네, 에헤야 디야 나비가 날아야 개울물 소리 들리고 날갯짓이 바람에 스치네. 에헤야 디야 평화롭구나. 마을 사람 웃음소리 아이들 재잘거림에 에헤야

디야 새도 노래해, 푸른 하늘 가르며 나비는 날아가네. 에헤야 디야 자유롭구나. 꽃을 찾아 날아가는 흐뭇한 나비 모습, 에헤야 디야 좋기도 하구나.

* 얼 삼마는 창부타령이나 각설이타령에 담긴 추임새로 나사로인 거지가 아브라함의 품에 안긴 걸 보고 지옥에서 한 부자 청년이 천국과 지옥 사이 큰 구릉 사이에서 나사로를 보고 물을 달라는 의미 '여호와 삼마'는 히브리어로 '그곳에 얼이 담겨 있다'의 뜻으로 아골의 골짜기 십자가에 못 박힌 그리스도의 연못일 때 아가가 말하는 솔로몬의 가마터는 바로 그 부용리의 연꽃이다.

4

홍도야 울지마라!
대화형 심리 분석 상담과
초기상담단계

제목 : 홍도야 울지마라

〈등장인물〉 장 원장, 한일 박사. 수강생 1과 2

＊1회기

장 원장 "여러분, 오늘은 김홍도의 풍속화첩 중 하나인 〈서당〉을 함께 살펴보겠습니다. 이 그림은 조선 시대 서당의 한 장면을 묘사하고 있죠. 처음 보셨을 때 어떤 느낌이 드셨나요?"

수강생 1 "저는 훈장의 크기가 눈에 띕니다. 가장 멀리 있음에도 불구하고 가장 크게 그려진 점이 흥미롭더라고요. 마치 이 그림에서 그의 권위와 심리적 압박감을 강조하려는 것 같아요."

수강생 2 "맞아요. 그리고 가장 앞에 있는 왜소한 학동은 얼굴조차 보이지 않죠. 이 아이가 훈장을 바라보는 시선이 그림 전체의 심리적 긴장감을 만들어내는 것 같아요."

장 원장 "그렇다면 이 그림에서 원근법이 어떻게 작용하는지 생각을 해볼까요? 일반적인 기하학적 원근법과는 달리, 이 그림은 '의미 원근법'을 사용했다고 볼 수 있어요. 중요한 인물과 사건을 강조하기 위해 공간의 논리를 뒤집은 것이죠."

수강생 1 "그렇다면 훈장의 크기는 단순히 화가의 기술적 표현이 아니라, 학동들에게 느껴지는 심리적 압박을 시각적으로 드러낸 것일 수도 있겠네요."

한일 박사 "흥미로운 해석이에요. 저는 학동들의 표정도 주목했어요. 혼나는 친구를 바라보며 웃음을 참는 모습에서 인간적인 면모와 공동체 내의 미묘한 감정이 느껴졌습니다."

장 원장 "좋습니다. 다음 회기에서는 이 그림 속 인물들의 심리를 더 깊이 탐구해 봅시다. 특히 왜소한 학동과 훈장의 관계를 중심으로 말이죠."

* 2회기

장 원장 "지난 회기에서 우리는 김홍도의 〈서당〉을 통해 심리적 긴장감을 살펴봤습니다. 오늘은 이 그림을 영화 포스터처럼 바라보는 관점으로 이야기를 나눠볼까 합니다. 포스터의 '꼴라쥬 식' 배치가 주역과 조역을 어떻게 설정하는지 떠올려 보세요."

수강생 1 "그렇다면 훈장이 이 그림의 주역입니다. 가장 크고 눈에 띄게 그려졌으니까요. 그의 크기는 단순히 물리적 거리와는 무관하게, 그가 가진 권위와 심리적 압박을 강조하려는 의도로 보입니다."

한 박사 "맞아요. 영화 포스터에서도 주인공은 항상 크게 그려지죠. 이 그림도 사실적 전달보다는 '의미와 가치의 크기'를 기준으로 재구성하여 본다면 이를 '의미 원근법'이라고 표현할 수 있습니다."

장 원장 "네 맞습니다. 이 방식은 유아들이 그림을 그릴 때 자연스럽게 나타나는 특징이기도 합니다. 중요한 대상은 크게, 덜 중요한 대상은 작게 그리는 방식 말입니다. 그런데 여기서 가장 작게 그려진 왜소한 학동은 어떤 의미를 가질까요?"

수강생 2 "그 아이는 얼굴도 보이지 않고, 훈장을 바라보며 겁먹은 듯한 모습이에요. 그의 시선과 심리적 상태가 외부 관객의 시선과 일치하면서, 그림 전체를 공간적으로 왜곡시키는 역할을 하는 것 같아요."

한 박사 "결국 이 학동이 진짜 주인공일 수도 있겠네요. 그는 작지만 가장 강렬한 심리적 존재감을 드러내고 있으니까요."

장 원장 "좋은 관찰입니다. 다음 회기에서는 이 '의미 원근법'이 현대 심리치료에서 어떻게 활용될 수 있을지 함께 논의해 봅시다."

* 3회기

장 원장 "지난 회기에서 '의미 원근법'을 통해 그림 속 훈장과 학동의 관계를 살펴봤습니다. 오늘은 시선이 집중되는 방식에 대해 의견을 나눠보지요. 여러분, 이 그림을 보면 가장 먼저 어디에 시선이 머물게 되나요?"

수강생 2 "저는 훈장과 혼나는 학동에게 눈길이 가요. 훈장의 크기와 학동의 작고 왜소한 모습이 대조적이라 자연스럽게 그 둘 사이의 긴장감에 집중하게 됩니다."

한 박사 "그러니까 작위적으로 설정된 인물의 크기가 시선을 유도

하는 역할을 하니까 관객은 먼저 두 주인공을 보고, 이후 주변 학동들의 반응을 살피며 서당의 분위기를 느끼게 되죠."

장 원장 "네 맞습니다. 이런 방식은 영화 포스터에서 가장 많이 사용하는 방법으로 주역을 강조하기 위해 크기를 조정하거나 배치를 다르게 하죠. 이 그림도 사실적 전달보다는 사건의 중요도를 기준으로 재구성된 겁니다."

수강생 1 "그렇군요. 주변 학동들의 표정과 자세를 보면, 각자 다른 정서적 반응을 보이고 있어요. 어떤 아이는 웃음을 참지 못하고, 또 다른 아이는 불안해 보입니다."

수강생 2 "그런데 가장 앞쪽에 있는 왜소한 학동은 얼굴조차 보이지 않아요. 그 아이가 훈장을 바라보는 시선이 그림 전체를 관통하는 심리적 축이 되는 것 같아요."

장 원장 "네 맞습니다. 이 왜소한 아이가 관객의 시선과 거의 일치하며 공간을 왜곡시키는 역할을 합니다. 다음 회기에서는 이 아이의 심리적 상태와 훈장의 크기가 만들어내는 상징성을 더 깊이 탐구해 봅시다."

* 4회기

장 원장 "오늘은 그림 속에서 가장 특별한 인물, 바로 가장 앞쪽에 자리 잡았지만 가장 작게 그려진 왜소한 아이에 대해 이야기해 보겠습니다. 이 아이는 딴 머리를 하고 있고, 얼굴을 보여주지 않는 유일한 존재입니다. 여러분은 이 아이가 어떤 의미 준다고 생각하시나요?"

수강생 1 "저는 이 아이가 훈장과 대칭적인 관계를 형성한다고 느꼈어요. 훈장이 가장 크고 권위적으로 그려 논 반면, 이 아이는 가장 작고 왜소하게 묘사되었죠. 그런데도 유일하게 훈장을 바라보고 있다는 점이 매우 상징적이에요."

한 박사 "그렇죠. 다른 학동들은 모두 혼나는 친구를 바라보며 웃거나 동정하는 반응을 보이는데, 이 아이만은 훈장을 응시하고 있어요. 마치 두 사람 사이에 보이지 않는 심리적 긴장이 흐르는 것 같네요"

장 원장 "좋은 관찰입니다. 이 아이가 얼굴을 보이지 않는다는 점도 중요합니다. 얼굴 없는 존재는 익명성을 상징하기도 하지만, 동시에 그림 속에서 가장 강렬한 심리적 존재감을 드러내기도 하죠."

수강생 2 "그렇다면 이 아이는 단순히 주변 인물이 아니라, 관객의 시선을 대변하는 역할을 하는 걸까요? 관객이 훈장을 바라보도록 유도하는 심리적 축처럼 느껴지네요."

한 박사 "저는 그렇다고 생각합니다. 그리고 훈장의 크기는 단순히 물리적 크기가 아니라, 이 아이의 심리적 압도감을 시각적으로 표현한 것 같아요. 훈장을 바라보는 이 작은 아이의 시점이 그림 전체를 해석하는 열쇠가 될 수도 있다고 봅니다."

장 원장 "박사님 훌륭한 해석입니다. 다음 회기에서는 이 왜소한 아이와 훈장의 관계를 통해 당시 교육 현장에서의 권위와 심리적 상호작용을 더 깊이 탐구해 보도록 하겠습니다."

* 5회기

장 원장 "오늘은 그림 속에서 가장 작게 그려진 왜소한 아이가 훈장의 크기와 어떤 심리적 관계를 맺고 있는지 살펴보겠습니다. 여러분, 이 아이의 시선과 심리가 그림 전체를 어떻게 형성한다고 생각하시나요?"

수강생 1 "훈장의 크기가 단순히 물리적 표현이 아니라 이 아이의 심리적 압도감을 나타낸다고 느껴져요. 자기도 혼날까 봐 겁을 먹은 상태에서 훈장을 바라보는 모습이 공포와 긴장을 극대화하고 있네요."

한 박사 "원래 매 맞는 사람보다 기다리는 사람의 공포가 더 크다는 말처럼, 이 아이는 그 순간의 심리적 압박을 가장 강렬하게 보여주는 존재 같아요. 얼굴을 보이지 않는다는 점도 그 불안감을 더 강조하는 것 같고요."

장 원장 "그렇습니다. 이 아이의 시선은 외부 관객의 시선과 거의 일치합니다. 관객은 이 아이를 통해 훈장을 바라보며 공간과 분위기를 왜곡된 형태로 경험하게 되죠. 결국, 이 작은 아이가 그림의 숨겨진 주인공이라고 할 수 있습니다."

수강생 2 "훈장을 바라보는 유일한 존재라는 점에서 이 아이는 다른 학동들과도 대조적이에요. 다른 학동들은 혼나는 친구를 보며 웃거나 동정하는데, 이 아이만은 훈장과 직접적으로 연결된 심리적 축을 형성하네요."

한 박사 "그렇다면 이 그림은 단순히 서당의 한 장면을 묘사한 것이 아니라, 권위와 공포, 그리고 관객의 시선을 유도하는 심리적 장치를 통해 교육의 복합적인 감정을 드러낸다고 볼 수 있겠네요."

장 원장 "훌륭한 해석입니다. 다음 회기에서는 이 왜소한 아이가 관객에게 전달하는 메시지와 당시 교육 현장에서 권위가 가지는 역할로 인해 고통받았을 아이를 위해 효과적인 상담 방법을 학습하도록 하겠습니다."

2. 초기 상담의 단계

1) 신뢰 형성

안전한 환경 제공 : 아이가 겁을 먹고 있는 상태이므로, 먼저 편안하고 안전한 분위기를 조성합니다.

경청과 공감 : 아이의 두려움과 불안을 경청하며 "네 감정을 이해하고 있다." 이 메시지를 전달합니다.

2) 심리적 상태 파악

감정 탐색 : 아이가 느끼는 공포와 긴장의 원인을 파악합니다. "훈

장에게 혼날까 봐 어떤 기분이 드니?"와 같은 질문을 통해 내면을 살핍니다.

비언어적 표현 관찰 : 얼굴을 보이지 않는 행동이나 몸짓에서 심리적 상태를 읽어냅니다.

3) 인지 재구성

두려움의 재해석 : 아이가 느끼는 공포를 현실적으로 바라볼 수 있도록 돕습니다. "훈장이 너를 혼내는 이유는 너를 미워해서가 아니라 잘하길 바라는 마음 때문일 수도 있어."

긍정적 시선 유도 : 훈장을 바라보는 시선을 긍정적 관계로 연결하며, 권위가 반드시 위협적인 것이 아님을 설명합니다.

4) 행동 계획

대처 전략 제시 : 아이가 두려움을 극복할 수 있는 구체적인 행동을 제안합니다. 예를 들어, 훈장에게 자기의 생각을 표현하거나 질문하는 연습을 시도하도록 돕습니다.

자율성 강화 : 아이가 스스로 문제를 해결할 수 있다는 자신감을 심어줍니다.

5) 지속적 지원

피드백 제공 : 상담 과정을 통해 아이의 변화와 성장을 지속적으로 점검하며 격려합니다.

필요시 추가 지원 연계 : 정서적 불안이 심할 경우 전문 상담 기관과 연계하여 심리치료를 이어갑니다. 이 접근법은 아이의 심리적 안정과 성장에 초점을 맞추며, 그의 내면세계를 존중하는 방식으로 진행됩니다.

5

퍼스날리더십 프로그램 개발 및 공공 그룹 집단상담

personal & public Leadership &
Group Career Counseling Program

1. 모(母)둠 살이 나를 찾는 'Leadership'

나의 열정 나의 비전은 나의 존재 가치를 지탱하는 힘의 원천이다. 자신의 꿈을 실현이 가능한 현실적인 목표로 설정하여 그것을 하나하나 이루어 나갈 때 우리는 성공적인 삶을 살아간다고 말할 수 있다. "마음대로 꿈을 꾸라 꿈에는 한계가 없다."

1) 나의 꿈 나의 희망

개인 및 공공 'Leadership' 및 그룹 진로 상담 프로그램(personal & public Leadership & Group Career Counseling Program)의 중요성이 무엇보다도 중요한 때입니다. 21세기 AI 인공지능 기계시대 교육의 'Trend'는 'Leadership'입니다. 누구나 리더의 자질을 가지고 있고, 그것을 발휘하고 있으나 다만 자신이 발휘한 리더 십이 바른 것인지, 어느 정도의 수준인지 그걸 잘 모를 뿐입니다.

리더에 있어서 personal Leadership은 먼저 자신을 이끄는 것으로 다른 사람을 지도하는 지도자의 필수사항입니다. 자신이 어떤 사람인지 이끌어 알고 난 다음 타인을 이끌어야 하는 법입니다. 다른 사람들을 이끌 때의 힘이 곧 personal Leadership을 통한 Public Leadership입니다. 곧 'Leadership'의 개발은 개인의 의무이자 사회적 책임으로 나 자신을 성공으로 이끄는 것과 자기가 이끄는 조직을 성공시켜 나가는 것이 진정한 리더입니다.

P·P·L 프로그램의 모든 교육과정은 자신과 조직을 이끄는 지도자들이 올바른 리더가 쉽게 그 힘을 발휘하기 위해서 어떠한 순

서와 절차에 의하여 리더를 개발하는가를 학습하는 것입니다. 인간이 로봇을 학습시키듯 현재는 자신의 리더십을 한 차원 더 높은 수준으로 향상(向上)시키기 위해서 어떻게 하는가? 묻는 명제에 주안점을 두고, 효과적인 리더십을 발휘하도록 돕기 위한 프로그램입니다.

또한 G·C·C·P인 집단 진로 상담 프로그램은 청소년들이 상급학교에 진학하거나 자신에게 적합한 직업 선택을 위해서 적절한 교육을 통해 도움을 주는 반면 사회적으로 원만하게 적응할 수 있도록 도움을 주는 프로그램입니다.

집단 진로 상담프로그램의 개발은 넓은 의미로는 각 개인이 나아가야 할 인생의 방향을 찾는 것과 좁은 의미로는 어떤 종류의 직업을 선택하고, 어떤 학교를 선택할 것인가와 같은 직업과 관련된 진로 선택에 대해 도움을 주기 위함입니다. 집단 진로 상담프로그램의 목표는 개인으로 하여금 자신의 진로에 대한 의식을 가지도록 하고, 자신을 현실적으로 이해하고 자신의 직업적 적합성을 파악하도록 하는 것입니다. 또한 진학과 직업 선택을 위한 방향을 정하고 탐색하는 동시에 직업 세계에 대한 깊은 이해를 갖도록 자신과 환경에 대한 이해를 기초로 하여 자신의 생애를 설계하도록 하는 것입니다.

그리하여 자신의 진로 계획에 따라 최선의 준비를 하고 진학 또는 취업 정치를 정하여 세우도록 하는 것입니다. P·P·L 리더십과 G·C·C·P 집단 진로 상담프로그램은 자기 자신에 대한 충분한 이해와 평생 일을 통하여 삶의 가치와 보람을 얻게 될 직업에 대한 이해, 그리고 이 양자의 합리적인 연관성을 통하여 꿈과 미래에 대한 희망을 찾는 길을 제시할 것입니다.

한 개인의 리더십과 직업적 적응은 단순히 그 개인의 성격과 직업적인 적합성에 합치되는 단순한 결합뿐만이 아니라 인생 전반에 걸친 중요한 삶의 문제이듯 P·P·L과 G·C·C·P 프로그램은 불가분의 관계입니다. 그러므로 본 P·P·L & G·C·C·P 프로그램은 리더십의 학습이론이나 지도자의 유형을 연구하는 것이 아니라 프로그램에 참가하는 참가자들의 실천적이고 효과적인 리더십개발과 진로 선택을 위한 길잡이가 될 것임을 확신합니다.

2. "나의 꿈 탐색하기"

1) 집단 진로 상담프로그램의 중요성

교육의 목적 가운데 하나는 각 개인으로 하여금, 자기의 적성과 능력에 따른 자신의 이해를 바탕으로 진로를 탐색하고, 결정하여 인생을 설계할 수 있도록 돕는 데 있습니다. 특히 청소년기 시기는 자신의 진로를 탐색하여 잠정적으로 진로에 대한 의사결정을 경험하게 하며, 이를 위해 교육 당국은 다양한 직업 세계의 정보와 자신의 이해에 필요한 기반 지식을 넓혀주고, 개인들의 합리적이고, 체계적인 진로 탐색을 할 수 있도록 도와주어야 합니다. 만약 진로에 대한 올바른 고민과 탐색 과정을 거치지 못하고 진로를 선택해야 하는 청소년들의 경우에는 자신과 맞지 않은 진로를 선택하거나 능력 이상의 것을 스스로에게 요구하면서 좌절을 겪게 되고 이로인한 갈등은 일부 탈선을 시도하기도 합니다.

청소년기 시기는 미래에 대한 꿈을 그려보면서 처음으로 자신의 진로에 대한 의사를 결정하게 되는 시기입니다. 이 시기에 청소년들은 정체감 확립을 통해 직업에 대한 준비를 해나가야 합니다. 만약 이러한 진로에 대한 탐색을 경험하지 못할 경우, 성숙한 이성 관계나 대인관계를 영위해 나가지 못할 뿐만 아니라, 자신에 대한 정체감 확립을 하는데도 바람직한 꿈을 성취해 나갈 수 없을 것입니다.

인성은 매 단계적인 발달 과정에서 이루어지나 특히 청소년기에는 정체감 형성으로 역할의 혼미를 꿈과 희망을 통해 심어주는 진로 탐색의 중요함은 단순히 진로 측면의 발달에만 연관 된 것이 아니라, 한 인간을 이루는 거의 모든 측면이 관련되어 있습니다. 즉 자아개념, 자존감, 통제, 소통, 보모로부터 심리적 독립, 불안, 사회성 발달 등 진로 외적인 변인도 살펴서 긍정적인 효과를 줍니다.

청소년기의 진로 교육은 다름 아닌 인성교육에 있다고 볼 수 있고 특히 근래에 청소년 약물 오남용 관련 심각성에 대한 사회적 관심이 고조되면서 2007년 학교 보건 기본법을 개정하여 보건 교과의 설치와 함께 약물 오남용 관련 교육을 1년에 4회에 걸쳐 2009년 3월부터 의무적으로 실행토록 제도화하였고 이와 더불어 청소년들의 정체감 상실로 인한 약물남용 문제해결의 실마리를 진로 교육을 통한 해결 방안이 공감대를 형성함에 따라 2015년 인성교육진흥법이 제정(制定) 되어 모든 교육 장면에 적용될 때 학생들은 물론 학부모나 지도하는 모든 지도자가 의무적으로 이수할 덕목입니다. 이에 따라 청소년 집단 상담 프로그램 과정은 청소년 스스로 자아 정체감을 형성하여 꿈을 향한 진로를 결정할 수 있는 능력을 키우고, 자신의 꿈을 실현하기 위한 목표를 설정하는 등 미래의 행복한 삶을 영위할 수 있도록 도움을 주는 것에 그 의미를 둔 프로그램입니다.

2) 프로그램 구성과 Leadership 과정 커리큘럼

본 프로그램은 총 11회기로 이루어집니다. 우선 Leadership 교육을 필두로 크게는 진로와 관련된 자신의 여러 측면에 대한 이해와 직업 세계에 대한 탐색, 잠정적인 진로 의사결정의 경험, 미래의 자신에 대한 직업탐색 등으로 구성되었습니다.

♣ 1회기
  1) **영역** : *얼음 깨고 들어가기
  2) **제목**
     ① (*나의 꿈 나의 실현 활동)
     ② (*나의 소개서 작성하기)
  3) **활동 내용**
     ① (*'나의 약속' 작성하기)
     ② (*진로와 별칭 짓기)
  4) **소요 시간** (50분)

♣ 2회기 :
  1) **영역** : *흥미와 적성 1
  2) **제목**
     ① (*위대한 잠재 능력 깨우기)
     ② (*내가 잘하는 일)

3) 활동 내용
   ① (*나의 흥미와 적성알기)
   ② (*나의 흥미와 적성 알기)
4) 소요 시간 (50분)

♣ 3회기
1) **영역** : 흥미와 적성 2
2) **제목**
   ① (*리더는 항상 앞서나가야 한다.)
   ② (*내가 보는 너)
3) **활동 내용**
   ① (*내가 보는 너 작성)
   ② (*상대방 장단점 알기)
4) **소요 시간** (50분)

♣ 4회기
1) **영역** : 흥미와 적성 3
2) **제목**
   ① (*무엇이 인간을 행동하게 하는가?)
   ② (*나의 적성과 흥미)
3) **활동 내용**
   ① (*친구랑 이야기 해 보기)
   ② (*'내가 보는 너' 작성하기)
4) **소요 시간** (50분)

♣ 5회기
   1) **영역** : 진로 의사결정
   2) **제목**
      ① (*사고의 습관과 태도의 습관)
      ② (*의사결정 방법)
   3) **활동 내용**
      ① (*내가 보는 너 발표하기)
      ② (*친구 자랑하기)
   4) **소요 시간** (50분)

♣ 6회기
   1) **영역** : 직업 세계 탐색 1
   2) **제목**
      ① (*리더는 목표의 실현자다)
      ② (*직업 세계 탐방)
   3) **활동 내용**
      ① (*직업 카드에 대한 스피드 게임)
      ② (*부모님과 인터뷰하기)
   4) **소요 시간** (50분)

♣ 7회기
   1) **영역** : 직업 세계 탐색 2
   2) **제목**
      ① (*커뮤니케이션과 인간관계)
      ② (*교과와 직업)
   3) **활동 내용**

① (*좋아하는 과목과 직업 찾기)
② (*교과와 관련한 직업의 종류 알기)
4) **소요 시간** (50분)

♣ **8회기**
1) **영역** : 직업 세계 탐색 3
2) **제목**
① (*시간 경영의 리더)
② (*새로 생긴 직업과 사라진 직업)
3) **활동 내용**
① (*숨은 직업 이름 찾기 게임)
② (*내가 관심 있는 직업 알기)
4) **소요 시간** (50분)

♣ **9회기**
1) **영역** : 직업 세계 탐색 4
2) **제목**
① (*비전제시와 다짐)
② (*미래사회의 직업)
3) **활동 내용**
① (*미래의 직업 찾기)
② (*직업 생활 명세서 작성)
4) **소요 시간** (50분)

♣ **10회기**
1) **영역** : 갈등 관리 탐색

2) **제목**
   ① (*갈등과 사회성 관계)
   ② (*나의 명함 만들기)
3) **활동 내용**
   ① (*갈등 해결하기)
   ② (*나의 명함 읽기)
4) **소요 시간** (50분)

♣ 11회기
1) **영역** : 자성예언
2) **제목**
   ① (*공적리더십 발휘)
   ② (*사명 선언서 작성)
3) **활동 내용**
   ① (*그룹별 팀워크 강화)
   ② (*의자왕 취임식)
4) **소요 시간** (50분)

Step 1
personal & public Leadership

단원 1) "나의 꿈, 나의 실현"

우리는 많은 꿈을 가지고 인생을 살아갑니다.
꿈을 꾸어야 꿈을 실현할 수 있습니다.
꿈이 없는 사람은 성취도 없습니다.
개인이든 집단이든
우리는 꿈을 이루기 위해
부단히 노력하며 살고 있는 것입니다.

1. 퍼스날리더십은 꿈의 실현 과정입니다.

나의 꿈, 나의 희망, 나의 열정, 나의 비전은 나의 존재 가치를 지탱하는 힘의 원천입니다. 어떤 사람에게 꿈과 희망이 없다는 것은 곧 삶의 의미가 없다는 것이며, 또한 가치 있는 삶을 영위하고자 하는 의지가 없다는 뜻이기도 합니다. 자신의 꿈을 실현, 가능한 현실적인 목표로 설정하여 그것을 하나하나 이루어 나갈 때 우리는 성공적인 삶을 살아간다고 말할 수 있습니다. 이러한 성공적인 삶을 살기 위해서는 자신을 올바른 방향으로 이끌어가는 퍼스널 리더십 개발이 매우 중요합니다.

"리더십이 무엇인가?"하는 물음에 대해서 정확히 알고 있는 사람은 그리 많지 않습니다. 또한 자신이 리더십을 발휘하고 있으면서도 자신이 올바르게 리더십을 발휘하고 있는지조차 모르고 있는 경우도 많습니다.

"여러분은 리더십이 무엇이라고 생각하십니까?"

리더십이란 영향력입니다. 리더십은 자신과 타인에게 미치는 영향력이며, 자기 자신이 가지고 있는 영향력이 자신을 성공으로 이끌고 타인이나 조직을 성공으로 이끌었다면 그는 올바른 리더십을 발휘한 것입니다. 나의 인생에 많은 영향을 준 사람을 생각해 보십시오. 또한 내가 다른 사람들에게 영향을 준 경우도 생각해 보십시오. 우리는 누구나 리더의 자질을 가지고 있습니다. 훌륭한 '리더'가 되기 위해서는 자신에게 잠재된 리더십의 자질을 일깨우기만 하면 즉시 나타날 수 있도록 그것을 꾸준히 개발해 나가는 것입니다.

"마음대로 꿈을 꾸십시오. 꿈에는 한계가 없습니다."

리더십은 자신을 올바로 이끄는 퍼스날리더십과 조직을 이끄는 공적리더십으로 구분할 수 있습니다. 자신에게 꿈이 있듯이 집단은 집단대로 꿈이 있습니다. 퍼스날 리더십과 공적 리더십은 그 꿈을 이루기 위하여 꼭 필요한 것입니다. 자신의 꿈을 이룩한 사람들은 모두가 훌륭한 퍼스날 리더십을 갖추고 있다는 사실을 부인할 수 없습니다.

2. 퍼스날 리더십과 공적 리더십의 관계

대부분 우리가 알고 있는 리더십이란 집단을 이끄는 공적 리더십만을 생각하기 쉽습니다. 또한 카리스마를 리더십으로 혼동 한 경우도 있습니다. 리더십 하면, 리더의 유형만을 떠올리는 경우가 허다합니다. 자신의 올바른 방향을 설정하여 자신을 성공으로 이끌어가는 리더십, 이것이 바로 퍼스날 리더십입니다.

퍼스날 리더십은 공적리더십을 발휘하기 위한 초석입니다.

건물을 높이 올리려면 기반을 다지고 기초 공사를 탄탄하게 해야 하듯이 리더십 개발도 공적 리더십에 앞서 퍼스널리더십이 먼저 개발되어야 합니다. 퍼스널리더십은 자신의 전 인생을 통해 추구하는 사고와 행동의 깊이와 의미를 부여하고, 자신의 고유한 목표를 수립함으로써 자신의 운명을 의도적으로 주도해 나가는 것입니다. 자신이 어떤 문제에 직면했을 때 이를 건전하게 해결할 능력이 있고, 어떤 상황에서든지 올바른 가치체계의 바탕 위에서 자신을 올바르게 이끌어가는 능력을 지니고 있다면, 그의 퍼스널리더십은 자신의 성공을 점진적으로 실현해 가는 과정에 있다고 볼 수 있습니다.

우리는 이러한 퍼스널 리더십 개발을 통해 주위 사람들의 평판도 마음대로 조정할 수가 있습니다. 또한 자신이 되고자 하는 정치가, 외교관, 예술가나 과학자, 봉사 정신이 투철한 사회 사업가든, 기업의 사장, 또는 의사, 변호사, 회계사와 같은 전문가이든 무엇이든 될 수 있고, 또 그러한 지위와 명예를 얻을 수 있다는 것입니다.

인간은 누구든지 나이나, 재능, 신분이나 학력, 경력, 또는 성격과는 관계가 무관하게 어떤 분야의 리더입니다. 우리들 모두는 누구나 리더인 잠재력을 가지고 있습니다. 또한 우리가 평상시 리더의 자질을 빈번하게 발휘하고 있는데도 자신이 리더라는 사실을 인정하지 않거나 모르고 있다는 것입니다. 퍼스널리더십은 어떤 장애물이나 다른 사람의 반대 의견에도 구애받지 않고 자신이 옳다고 생각하는 일을 자신 있게 추진하는 행동입니다. 다만 그러한 행동양식은 다른 사람이 인정하고 따르는 뚜렷한 가치체계가 형성되어야 합니다.

"올바른 가치관은 자신을 올바로 이끄는 중심 추입니다."

집단에서는 주어진 상황에 따라 반드시 리더가 필요합니다. 예를 들면, 동아리나 동호회 활동에서 집단 전체를 이끄는 리더가 있지만, 회원들이랑 캠핑이나 등산을 간다고 했을 때는 그 분야의 전문성이 있는 또 다른 리더가 그 집단을 이끌게 됩니다. 분명한 것은 리더가 공식적인 조직이든 비공식적인 조직이든 공적인 리더십을 발휘하려면 그 일을 수행하려는 확고한 신념이 있어서 그들에게 신뢰를 주어야 한다는 것입니다. 퍼스널리더십이 훌륭하게 개발되어 타인의 신뢰를 얻게 되면 기꺼이 다른 사람들이 나를 따르게 되는 것입니다.

퍼스널리더십이 공적인 리더십으로 나타나는 예는 우리가 다른 사람을 리드하는 경우에서 찾아볼 수가 있습니다. 사람들은 누구나 자신의 희망과 욕구를 충족하고자 어떤 일을 추구하는 것입니다. 공적 리더십은 다른 사람들이 자신이 의도하는 대로 따르도록 유도함으로써 그 일을 성취하는 것입니다. 이것이 바로 퍼스널리더십이 공적 리더십으로 나타나는 경우라 할 것입니다. 또한 다른 사람들이 나를 따르는 것은 내가 그들의 필요한 욕구를 만족시켜 줄 경우, 그들도 나의 리드에 기꺼이 따릅니다. 내가 다른 사람을 따른다는 것은 팔로워십이 있기 때문입니다. 이러한 팔로워십 또한 퍼스널리더십과 공적리더십을 발휘하는 성숙한 인격의 표현입니다. 결국 퍼스널리더십과 공적리더십은 불가분의 관계에 있다고 할 것입니다.

3. 퍼스널리더십의 속성

컴퓨터나 기계가 그 속성이 있듯이 퍼스널리더십도 속성이 있습니다. 인간은 정교하게 만들어진 컴퓨터입니다. 더욱이 인간이 컴퓨터 보다, 더 많은 능력을 지니고 있다는 것은 이미 증명이 되었습니다. 그렇다면 퍼스널리더십은 어떤 속성을 가지고 있을까요? 퍼스널리더십은 가치 있는 자기 인생의 목표를 성취하는 로드맵을 스스로 만들어 가는 능력입니다.

우리가 사는 이 세상에는 꿈의 실현을 할 수 있는 무한한 기회가 누구에게나 열려 있습니다. 자신이 그것을 마음에 품은 이상, 아름다운 꿈 원대한 야망, 이러한 것들은 자신이 어떻게 생각하고 어떻게 행동하느냐에 따라서 자신의 것이 되기도 하고, 그저 황당한 공상으로 끝나 버릴 수도 있습니다. 이순신 장군이나 베토벤이나 헬렌 켈러, 에디슨, 링컨, 장영실, 슈바이처 등 역경을 극복하고 모든 사람의 존경을 받는 세계적인 인물이 된 사람들의 예를 우리는 무수히 볼 수가 있습니다.

우리는 지금부터 진정으로 내가 원하는 꿈을 하나하나 글로 적어 봅니다. 그러나 꿈만 가지고 있다면 단지 공상이나 망상으로 끝나 버릴 수도 있습니다. 이제 공상으로만 여겼던 나의 꿈과 목표를 구체화할 작업을 시작하는 것입니다. 내가 하고 싶은 일이 무엇인지 명확하게 파악했을 때, 또 그 일을 반드시 해낼 수 있다는 확신을 가질 때 퍼스널리더십이 발전하는 것입니다. 사람에게는 누구나 성취해야 할 자신의 세계가 있고, 또한 자신만이 이 사회에 공헌할 수 있는 특별한 분야가 있습니다. 자신만이 가지고 있는 무한한 퍼스널리더십의 잠재 능력을 개발할 수만 있다면 말입니다.

퍼스널리더십은 자기자신의 능력을 믿고 행동하는 것입니다.

우리는 이 프로그램을 시작하면서 나에 꿈의 목록에서 나의 인생을 그리기 시작합니다. 최고의 별장과 멋진 차를 갖기 위해 돈을 많이 버는 빌케이츠 같은 사업가가 되는 것, 걸리버와 같은 탐험가가 되어 세계여행을 하는 것, 명예를 얻기 위해 장영실과 아인슈타인 같은 과학자가 될 수도 있고, 대중들에게 인기가 있는 가수 임영웅이나 방탄소년단의 BTS 같은 가수 배우나 연예인이 또는 영혼을 구원하기 위한 성직자를 그릴 수도 있습니다. 반대로 아무도 보아주지 않는 졸작을 그릴 수도 있습니다. 나의 인생은 내 생각과 나의 지휘에 따라서 만들어지는 것입니다. 만일 우리가 자신 안에 잠들어 있는 퍼스널리더십이라는 거대한 잠재 능력을 일깨울 수만 있다면 나는 나의 인생에 있어서 빛나고 찬란한 오케스트라를 지휘하는 지휘자가 될 수 있는 것입니다. 창조주는 나에게 나의 인생을 지휘할 지휘봉을 주었습니다. 나의 지휘에 따라 멋있는 하모니가 이루어지듯이 나의 인생도 아름답고 다채로워지는 것입니다.

퍼스널리더십을 개발하면 나의 마음속에 번득이는 영감을 샘솟게 하여 새로운 차원, 새로운 세계에 대한 안목을 갖게 할 것입니다. 또한 자신에게 주어진 고난의 상황을 극복하고 더 높고 가치 있는 꿈을 실현하도록 할 것입니다. 나의 마음속에 가지고 있는 현재 상황에 대해 희망의 불을 붙여줌으로써 현재 처한 나의 상황을 발전시켜 가도록 하여 줄 것입니다. 이제 나는 모든 일을 남의 탓으로 불평만 늘어놓지 않고, 이를 개선해 나가며, 나는 왜 이럴까? 왜 이렇게 하는 일마다 마음에 들지 않을까? 하고 한탄만 하지 않고 올바른 방향을 찾아 실천하며, 탄식만 하지 않고, 성공을 향해 솔선수범하는 사람이 될 것입니다.

인생의 삶은 속도가 아니고 방향입니다. 성공도 속도가 아니고 방향입니다. 젊어서 빨리 성공하고자 하는 마음만 앞서서 급히 달려가다가 좌절하거나 감옥을 살아야 할 경우도 있습니다. 우리는 이제 퍼스널 리더십 개발을 통해 올바른 방향을 선택하게 되고, 놀라운 나의 잠재능력을 인정하게 될 것입니다. 나는 나만이 가진 위대한 능력을 보유하고 있기 때문입니다.

"퍼스널리더십은 나의 내면세계와 인격을 충실하게 해주는 소프트웨어입니다."

내가 학생이거나 또는 직장인이나 조직의 장이든 자신이 참여하고 있는 분야가 무엇이든지 퍼스널 리더십은 나의 일상생활을 충실하게 엮어가는 나의 감추어진 내면적 자질입니다. 신분의 굴레를 뛰어넘어 자신의 영역을 개척한 허준이나 허준처럼 또는 오직 백성을 사랑하는 마음으로 승리만을 위해 또 정의의 길만을 위해 헌신한 이순신 장군, 36년간의 식민 통치 시대의 고통 속에서도 임시정부라는 정통성을 지켜 온 백범 김구 선생, 이러한 분들이 자신을 어떻게 이끌어왔으며 자신의 내면세계를 어떻게 가꾸어 왔는지를 생각해 보십시오.

공적인 리더십을 올바르게 발휘한 사람들은 언제나 자신의 내면세계부터 가꾸어 온 것입니다. 그것은 다른 사람을 이끄는 리더십보다, 우선 자신을 이끄는 리더십에 더욱 노력해 왔습니다. 7년간의 임진왜란 동안 자기 운명이 달리하기 이틀 전까지 '난중일기'를 쓰며 자신을 성찰하고 오로지 조국의 승리만을 위해 헌신한 이순신 장군을 생각해 보십시오. 또한 "눈 덮인 길도 조심해 걸어라."하며 자서전의 대명사가 된 '백범일지'의 김구 선생을 생각해 보십시오. 그들이 얼마나 자신을 통제하며 인생을 충실하게 엮어나갔는지를 생각하여 보시기 바랍니다.

인간의 내면적 자질은 자기 삶의 목적, 꿈과 욕망, 이상과 목표, 존재 가치 등의 요소로 구성됩니다. 존재의 가치를 찾으려는 의지는 나 자신의 주관적인 인생 목적과 가치관과 관련된 것이기 때문에, 어떤 공식이 따로 있는 것이 아닙니다. 훌륭한 리더들이 확정된 공식에 따라 자신을 이끌지 않았듯이 그들의 의지나 신념도 측정할 수 있는 것이 아닙니다. 따라서 우리는 다른 사람의 개인의 존재 가치를 인정해야 하듯이 우리 자신의 존재 가치도 인정받아야 하는 것입니다. 나의 내면세계에 존재하는 미개발된 프로그램, 즉 소프트웨어는 나 자신의 노력 여하에 따라 무한이 개발할 수 있는 것입니다. 이제 나는 내 인생의 삶의 의미를 깊이 생각해 봅니다. 젊은이건 나이 든 사람이건 내 삶의 목적에 의미를 부여할 사람은 나 자신을 제외하고는 아무도 없습니다. 당신 인생의 목적에 대한 해답을 찾는 자질, 즉 퍼스널리더십을 통해 나 자신의 삶에 의미를 찾고 그것을 스스로 해석해야 합니다.

"퍼스널 리더십은 당신의 전 인생에 걸친 가치관의 표현입니다."

지위가 높아지면 높아질수록 퍼스널리더십이 부족하면 자신의 인생을 절망의 구렁텅이로 몰아넣거나, 또는 명예를 송두리째 잃어버리는 경우를 우리는 많이 보아왔습니다. 그것은 그들이 현재 자신에 만족하여 그 자리에 안주하거나, 퍼스널리더십의 기초가 부족한데도, 터무니없이 더 높은 것만을 바라고 있기 때문입니다. 기초 공사가 허술한데도 높은 빌딩을 올리려는 과욕과 같은 것입니다. 퍼스널리더십은 남의 눈에는 좀처럼 보이지 않는 내적 자질이며, 그러한 훌륭한 나의 내적 자질들이 모여 충실한 삶을 영위해 가는 것입니다. 이러한 퍼스널리더십은 누구나 학습을 통해서 개발할 수 있다는 것입니다. 그렇다면, 왜 그처럼 풍부하게 주어진 리더십의 잠재 능력을 활용하는 사람들이 적을까요? 그 이유는 대부분 그 사람들이 퍼스널리더십의 중요성을 인식하지 못하고 있다는 사실입니다. 또한 개발 방법을 가르쳐주는 사람도 없기 때문입니다.

이제 우리는 자신의 퍼스널리더십을 개발하기 위해 내가 가지고 있는, 내 안에 잠자고 있는, 가꾸지 않은 퍼스널리더십의 잠재능력을 발견하고 이를 보석처럼 다듬어 나가기만 하면 됩니다. 퍼스널리더십의 다양한 요소들은 상호 밀접하게 관련되어 있으므로 이제 하나하나 보석을 찾아내도록 하는 것입니다. 그리고 그 보석을 나의 내면에 존재하는 가치체계라는 실에 꿰어나감으로써 영롱하고 찬란한 나의 인생을 새롭게 시작합니다.

　퍼스널리더십의 개발은 자신의 인생 목표와 가치관, 그리고 진실하고자 하고, 갖고자 하고, 되고자 하는 것이 무엇인지를 발견하고 이를 실행할 충실한 마음의 준비와 나의 열정을 쏟는 것입니다. 이제 나는 퍼스널리더십 개발을 통해 나의 찬란한 꿈을 실현하기 위한 나의 세계로 이룩할 준비를 하는 것입니다. 나의 행동 나의 사고는 가치관의 표현입니다. 나의 올바른 가치관은 타인의 존경과 찬사를 받을 것이며 내 자아실현의 성장 엔진 동력이 될 것입니다.

"퍼스널리더십의 개발은 곧, 나의 꿈 나의 실현 과정입니다."

부레인 업 코너(Brain up coner)

자신이 이 단원에서 학습한 내용 중, 제일 공감이 되고 자신과 일과 활용할 만한 문장이나 내용을 적어 봅니다.

이 단원에서 나의 Best Idea는?

" "

※ 베스트 아이디어가 댄 이유는?

프로그램 세션 1)

제목 : "진로와 직업적 별칭 짓기"

1) 도입 : 프로그램의 취지를 설명하고, 활동목표를 제시한다.

이 프로그램의 목적은 여러분들에게 진로에 대한 만족스러운 선택과 실천 계획을 세우도록 필요한 정보를 주고, 합리적인 의사결정 방법을 배우는 과정에 도움을 주고자 하는 것입니다. 인간은 사회적 존재로서, 집단으로 생활하고, 집단 내에서 문제에 대한 해답을 구하면서 성장해 갑니다. 집단 진로 상담은 개인이 인간적 만남을 통해 자기 성장을 이룩하는데 더없이 좋은 기회가 될 것입니다. 청소년기는 한 인간이 독립된 사회적 존재로 성장하기 위해서 자기 자신 미래에 대해 중대한 선택을 해야 하는 참으로 중요한 시기입니다. 이 시점에서 진로의 선택은 자신의 운명을 바꾸어 놓을 수도 있습니다. 따라서 이 프로그램은 "나는 누구인가?" "나는 장차 어떤 사람이 되기를 원하는가?"를 고민하는 여러분에게 자아의 발견과 함께 자신의 진로를 합리적으로 선택할 수 있도록 도움을 줄 것입니다.

오늘은 첫 시간이므로 '자기소개서'를 작성하고 서로 자신을 소개하면서 친밀감과 신뢰감을 쌓는 시간을 갖도록 하겠습니다.

2) 전개(35분)

*** 나의 약속**(10분)
　* **진행 방법** : '나의 약속'(학생 활동자료 1-1)을 배부하고 마지막 항목을 작성하게 한다. 그런 다음 '나의 약속'(학생 활동자료 1-1)을 다짐하게 한다.
　* **준비물** : '나의 약속'(학생 활동자료 1-1), 필기구
　* **강의 내용** : 집단 진로 상담 활동에서는 참여자 모두 자기활동의 결과를 자유롭게 발표하고 적극적으로 참여하는 자세가 매우 중요합니다. 그리고 서로의 생각과 느낌을 교환함으로써 보다 합리적인 문제해결 방안을 모색하고 진로 의사를 결정하는 능력을 높여가야 합니다. 그러함으로 집단 상담이 성공적으로 진행되기 위해서는 우리 함께 지켜야 할 규칙이 필요합니다. 여러분들이 받은 활동자료 '나의 약속'에는 네 가지 항목이 있는데 마지막 다섯 번째는 여러분 스스로 지키고 싶은 것을 각자 적어서 그것을 마음속으로 읽어 보시기 바랍니다.
　* **나의 소개서**(25분) **진행방법.**
　* **나의 소개서**(학생 활동자료 1-2)를 배부하고 작성하도록 한다.
　* **진로와 별칭 짓기**(학생 활동자료 1-3) 그림으로 표현하도록 한다.
　* **모둠원끼리 '나의 소개서'**(학생 활동자료 1-2)를 소개하도록 한다.
　* 각 모둠에서 한 명만 **'진로와 별칭 짓기'**(학생 활동자료1-3)을 전체 집단 앞에서 발표하도록 한다.
　※ **준비물** : * '나의 소개서'(학생활동자료 1-2),
　　　　　　　* '진로와 별칭 짓기'(학생 활동자료 1-3),
　　　　　　　* 색연필, 필기구

※ **강의 내용** : 지금 여기에 참여한 구성원 중에는 평소 잘 알지 못하거나 별로 친하지 않아서 서로 어색한 느낌이 드는 사람들도 있을 것입니다. 그러나 지금부터 우리들 자신에 대한, 이야기들을 서로 나누다 보면 상대방은 물론이고 자기 자신을 이해할 때 도움이 될 것입니다. 각자에게 나누어준 자기소개서를 작성하도록 하기 바랍니다.

아울러 자기를 소개하는 한 방법으로 별칭 짓기를 할 텐데, 그럼 지금부터 여러분들에게 나누어준 '진로와 별칭 짓기'의 내용을 작성하고 각자 장래에 되고 싶은 직업이나 존경하는 인물들을 이용해 구체적인 별칭들을 짓도록 하기 바랍니다. 그리고 그것과 관련해서 마음속에 떠오르는 것을 색연필로 그려서 상대방이 잘 알 수 있도록, 명찰을 만들어 목에 걸도록 하겠습니다.

그리고 이제부터는 각자가 작성한 내용을 토대로 자기 자신을 간단히 소개하는 시간을 갖도록 하겠습니다. 편안한 마음으로 구성원 서로에게 5분 동안 자유롭게 자기가 지은 별칭들을 소개하고, 모두가 다 소개가 되었으면 팀별로 한 사람씩만 적은 내용을 발표하는데 1분 정도를 사용하도록 하겠습니다. 아울러 각자 작성한 소망들이 꼭 이루어질 수 있도록 서로에게 큰 박수와 격려를 아낌없이 보내도록 하겠습니다.

3) 마무리 활동(5분)

☆ **진행 방법** : *이번 시간의 느낌을 나눈다. *활동 내용을 정리한다. *차시 예고를 한다.

※**강의 내용** : 이번 단원에서 우리는 이번 집단 활동을 통해 자신들이 기대하는 것이나 달성하고 싶은 것이 있다면 서로 나누어

보도록 하겠습니다. 시간이 넉넉하지는 않았지만 짧은 시간이나마 자기 자신을 소개함으로써 자신은 물론이고, 서로를 좀 더 잘 알게 되었고, 친밀감을 가지게 되었을 것입니다. 지금까지 프로그램을 진행하는 동안, 특별히 마음에 와닿는 것, 또는 순간순간 느낀 점이나 생각나는 점을 간단히 이야기를 나누고 첫 프로그램을 마무리하도록 하겠습니다.

* **발표할 사람은 손을 들어 발표해 주세요.** (발표)
* **발표한 사람에게 박수를 쳐 줍시다.** (박수)

☞ 끝으로 한 가지 더 당부의 말씀을 드리자면 앞으로 남은 프로그램을 통해서 자신의 미래에 대한 합리적인 선택과 결정을 내릴 수 있도록 촉진자인 저를 비롯하여 여기 참석한 스텝들은, 최선을 다해 여러분을 도울 것입니다. 첫 시간에 다소 만족함이 없었다 할지라도 끝까지 한 사람도 빠짐없이 즐거운 마음으로 참여하시기를 부탁하면서, 집단에서 나눈 이야기들과 앞으로 남은 프로그램에서 나누게 될 개인의 이야기들은 모두 비밀이 유지되도록 각자 프로그램을 진행하도록 하겠습니다. 노력해 주기 바랍니다.

다음 프로그램은 **"내가 잘하는 일"**이란 주제입니다.

개인 및 공공 리더십, Step 2
personal & public Leadership

단원 2) 위대한 잠재능력을 일깨웁니다.

All Successful People Have Things In Common.
Goal Directed action. Self Motivated action and Positive Mental Attitude.

모든 성공적인 사람들은 공통적인 특징을 가지고 있습니다.
목표 지향적 행동. 자기 동기화된 행동과 긍정적인 사고 태도.

1. 인간의 능력은 위대합니다.

 미국의 진보주의 교육학자 '존 듀이'는 "인간은 자기라는 존재를 지속시키고자 하는 생명의 본능적인 욕구"가 있으며, 인간으로서 계속하여 존재해 나가기 위해서는 끊임없이 자기 갱신의 과정이 필요하다고 했습니다. 그렇다면 우리는 이러한 인간의 본능 이외에 어떤 능력을 지니고 있을까요? 우리가 살아가는 세계는 우리가 생각하고 있는 것보다 훨씬 크고 넓고 무한한 가능성이 열려 있는 세계입니다. 이 세계는 우리가 바라고 추구하는 모든 것을 얻을 수 있고, 획득할 기회를 제공해 주고 있다는 것입니다.

인간의 능력은 무한합니다.

 인간은 본질적으로 어떠한 목표를 추구해도 영원히 만족할 줄 모르는 존재로 창조되었다고 합니다. 따라서 자신이 설정한 목표를 달성하고 나면 더 높은 목표를 추구하고 설정하는 존재라는 것입니다. 인간에게는 누구나 자아실현을 위한 목표를 달성하고 인생의 목적과 의미를 찾고자 하는 열망이 있으며, 동시에 그 목표에 도달할 수 있는 능력도 함께 가지고 있습니다. 우리는 하고 싶은 일을 해낼 수 있는 미개발된 막강한 잠재 능력을 보유하고 있는 것입니다. 목표가 명확하고 야망이 원대하면 할수록 잠재 능력은 증가합니다. 아인슈타인도 자신의 능력을 다 발휘하지는 못한 것처럼 이제까지 자기 자신에게 주어진 잠재능력을 100% 활용한 사람은 아무도 없습니다.

잠재 능력의 위대함

사람은 상상력을 가진 존재이며 상상력은 무한합니다. 우리는 우리가 상상한 모든 걸 시각화할 수 있고, 시각화한 것은 모두 창조가 가능합니다. 성서에는 '보이는 것들은 모두 보이지 않는 것들로 이루어진 것이다.'라고 교훈합니다. 우리는 이러한 상상력과 창조된 물산으로 창의적인 능력을 발휘할 수 있게 태어납니다. 따라서 우리의 내면에는 무한한 상상력과 잠재 능력이 있습니다. 나에게 막강한 잠재 능력이 저장되어 있다는 사실을 정신적으로 인정하는 것은 퍼스널리더십 개발의 시작입니다. 그러기 위해서는 나 자신의 강점을 알아야 합니다. 아직 미개발된 잠재 능력이 나에게 있다는 것을 인정하지 않는다면 나는 나의 잠재 능력을 활용할 수 없습니다. 나의 잠재 능력을 활용하지 않으면 그것은 점점 줄어들고 말지만, 한번 개발하여 그 성취감을 맛보기 시작하면 거대한 눈사태처럼 엄청난 가속력이 붙어 더욱더 거대하게 성장하는 것입니다.

이러한 능력은 나의 앞을 가로막는 모든 장애물을 일시에 제거해 버리게 하는 막강한 위력을 발휘하게 하는 것입니다. 우리는 먼저 나 자신을 알고, 미개발의 막강한 잠재 능력이 자신의 내면에 무한하게 잠들어 있다는 것을 인정해야 합니다. 인간은 위대합니다. 1,000억 개의 뇌세포를 가지고 백과사전을 통째로 암기할 수 있는 능력도 가지고 있다고 합니다. 그뿐만이 아니라 40개 국어를 동시에 사용할 수 있는 능력을 지니고 컴퓨터 4만 대 분량의 정보 저장 능력을 가지고 있다고도 합니다.

2. 자신을 존중하고 사랑하십시오.

사람은 누구나 자기 자신에 대한 이미지를 가지고 있습니다. 즉 마음속에 자기 자신에 대한 자화상을 지니고 있다는 것입니다. 우리는 자기가 지닌 자기 이미지가 명확하고 확고할 때는 다른 사람의 견해나 의견 가운데 자기 이미지에 맞지 않으면 받아들이지 않으려는 경향이 있습니다. 그러나 자기 이미지가 반드시 훌륭한 것만은 아닙니다. 어떤 사람은 자기는 무능한 사람이라고 생각할지 모릅니다. 그렇다면 그는 자기 이미지를 바꾸는 작업을 계속해야 할 것입니다. 자기 자신에게는 매우 훌륭한 능력이 잠재해 있고, 누구도 갖지 못하는 자신만의 강점이 있다는 사실을 인정하는 것이 매우 중요합니다. 그것은 자신의 강력한 셀프 이미지를 형성하게 되고, 성공적으로 목표를 달성하는 데 결정적인 역할을 하게 될 것입니다.

강력한 자신의 셀프 이미지는 진정한 자기 존중인 동시에 자신의 잠재 능력을 인식함으로써 생겨나는 자신에 대한 긍정적인 셀프 이미지가 자신에 대한 과대평가나 이기주의, 과대망상과 동의어가 아니라는 것을 반드시 이해하도록 해야 합니다. 셀프 이미지가 부정적인 사람은 자신의 한계선을 암암리에 설정하여, "나는 이 한계를 넘을 수 없다." 생각하기도 합니다. 자기 자신이 상한선을 만들어 놓았기 때문에 그 위로는 올라갈 수도 없고 넘어설 수도 없습니다. 이런 사람은 무의식적인 두려움과 의심의 심리적 분위기 속에서 모든 결정이 왜곡되어 아무것도 할 수 없게 되는 것입니다. 자기 자신을 보잘 게 없고, 재능이 부족한 사람이라고 인식하게 되면 많은 일들을 성취하는 것을 은연중에 주저하게 될 것입니다. 불행하게도 세상에는 퍼스널리더십의 자질은 충분하면서도 자신을 갖지 못하는 경우가 의외로 많습니다. 이러한 자신의 부정적 셀프 이미지는 퍼스널 리더십을 개발함으로써 사라지게 될 것입니다.

자신을 존중한다는 것은 곧 자기에 대해 자신을 평가하는 자신의 긍정적 영상입니다. 이러한 자기의 영상은 모든 일에 자신감을 갖추게 하며 타인에게도 자신 있는 모습을 보여줌으로써 확신에 찬 자기의 이미지를 구축하는 것입니다. 나는 무엇을 하는 사람이며, 무엇을 추구하고자 하는 사람인가, 나의 사명은 무엇이며, 나의 진정한 목표는 무엇인가? 이러한 자기의 긍정적 영상이 확립되면 퍼스널리더십이 발전합니다. 자신이 모든 일을 할 수 있다는 자신에 대한 영상을 확립하게 되면 이제 나는 새로운 세계에 대한 인식을 달리하게 되고 자신감 있는 리더로서 확신에 찬 사람이 될 수 있습니다. 진정으로 자기 자신을 존중하십시오. 그러면 다른 사람도 나를 존중하게 될 것입니다.

3. 선택 능력을 개발하십시오.

선택 능력도 개발해야 하는 하나의 재능입니다. 콜럼버스는 신대륙을 발견하겠다는 선택을 했습니다. 아인슈타인은 최고의 과학자가 되겠다는 선택을 했습니다. 석가모니는 왕보다는 부처가 되는 것을 선택했고, 슈바이처는 의사가 되는 걸 선택했습니다. 자신이 '무엇이 되어야겠다' 선택하는 것은 분명히 자신의 변화를 추구하는 것입니다. 어린 시절부터 뿌리 깊게 길들어진 사고와 습관 때문에 퍼스널리더십을 개발하는 데에 어려움이 많다고 생각할 수도 있지만, 때로 사람들은 극적으로 변화를 하는 경우도 볼 수가 있습니다.

　인생은 되돌아올 수 있는 반환점이 없습니다. 그러나 분명히 새롭게 출발하는 전환점은 있는 것입니다. 그것 또한 나의 선택 능력 개발 여하에 달려있습니다. 따라서 우리는 태도와 습관을 변화시킴으로써 퍼스널리더십을 개발할 수 있다는 사실을 인정하지 않을 수 없습니다. 퍼스널리더십 개발은 나의 선택 능력을 향상하여 준다는 것이 명백하기 때문입니다. 나 자신이 평범한 사람으로 살게 될 것인지, 능력 있는 비범한 사람이 될 것인지는 전적으로 나의 자유의지에 따른 선택의 능력입니다.

　자신의 선택 여하에 따라 풍성하고 충실한 인생을 살 수도 있고, 텅 비인 공허한 인생을 살 수도 있습니다. 따라서 인생으로부터 무엇을 거두어들일 것인가는 오직 자신만이 할 수 있는 선택의 문제인 것입니다. 나는 무엇을 하고 싶고, 무엇을 가지고 싶고, 무엇이 되고 싶은지를 결정할 수 있는 선택의 자유를 갖고 있습니다. 나아가 내가 태어난 후에 가지고 있는 최상의 능력은 자신의 운명까지도 선택할 수가 있다는 것입니다.

　선택의 자유는 인간이 소유한 최고의 특권입니다. 아무도 그것을 훔치거나 빼앗을 수가 없습니다.

　몇 년 동안 만나지 않았던 친구가 어느 날 아주 훌륭한 모습이 되어 나타나는 예를 볼 수가 있습니다. 이러한 예는 우리가 늘 보는 드라마에서도 찾아볼 수가 있듯이 어떤 경우는 그에 따라 얼마든지 우리가 새롭게 변할 수 있다는 것을 잘 알고 있습니다.

따라서 우리도 나 자신이 무엇이 되고 싶은지를 결정할 수 있는 선택의 자유를 갖고 있습니다. 그러므로 내 현재의 모습은 내가 선택한 결과인 것입니다. 따라서 앞으로의 내 모습도 나의 선택 능력에 의하여 만들어지는 것입니다.

앞서 우리는 미개발의 잠재 능력이 있음을 인정했습니다. 따라서 다른 재능을 개발할 수 있는 것과 마찬가지로 선택 능력도 개발할 수 있습니다. 많은 선택을 경험해 본 후에야 훌륭한 선택을 할 수 있게 되는 것입니다. 많은 선택을 하는 과정에는 성이 공도 있고, 실패도 있을 수 있습니다. 실패와 성공의 반복 속에서 나는 나 '자신'을 진정한 '자기'로 완성되도록 만들어가는 것입니다.

선택은 도전일 수 있습니다. 도전이 없다면 인생은 무미건조한 그리고 아무것도 그리지 않은 백지상태일 것입니다. 역사는 도전하는 사람들에 의하여 이룩된 것입니다. 리더는 도전하는 사람입니다. 나의 도전 의식은 나의 탁월한 선택 능력을 갖추게 하는 원동력이 됩니다. 이러한 선택의 자유는 신이 부여한 천부적인 권리를 가지고 있으면서도 우리는 탁월한 선택을 하지 못한다고 후회하는 경우가 많은 이유는 무엇 때문일까요? 그것은 우리가 살아오는 동안에 잘못 길들어진 우리의 사고와 행동양식 때문일 수가 있습니다.

선택 능력은 개발되어야 하는 하나의 재능이며, 우리 스스로 선택해야 합니다. 그리고 그 선택이 나의 인생을 결정하게 됩니다. 다른 사람이 선택해 준 결과에 따라 살아간다면 나는 나의 인생을 사는 것이 아니라 그 사람의 인생을 대신 살아주는 것에 불과합니다. 이러한 선택 능력은 오직 인간에게만 주어진 참으로 소중한 능력인 것입니다.

　지금까지의 나의 모습은 내가 선택한 결과물인 것처럼, 미래의 내 운명도 내가 선택할 수 있는 것이며 그 결과에 대한 책임도 나의 몫입니다. 우리가 선택 능력을 개발하게 되면 나의 잠재된 무한한 능력들이 나의 선택을 성취하기 위해 내 안에서 용기와 호기심이 샘처럼 솟아오르게 되는 것입니다. 퍼스널리더십의 개발은 선택 능력을 개발하고 그 선택에 따라 나를 새롭게 만들어갈 것입니다.

"한 사람이 천명을 이길 수도 있지만 자기를 이기는 자가 가장 위대한 승리자입니다."

브레인 업 코너(Brain up coner)

자신이 이 단원에서 학습한 내용 중, 제일 공감이 되고 자신과 일과 활용할 만한 문장이나 내용을 적어 봅니다.

이 단원에서 나의 Best Idea는?

"   "

※ **베스트 아이디어가 댄 이유는?**

프로그램 세션 2)

제목 : "내가 잘하는 일"

(1) 도입(5분)

진행 방법

* 활동 목표를 제시한다.
* '스트라디바리우스 바이올린'(교사활동 2-1)에 대하여 설명한다.
* 자신이 잘하는 일이나 잘할 수 있는 일을 생각하게 한다.
※ **준비물** : '스트라디바리우스 바이올린'(교사활동 2-1)

사람들은 자기 자신이 현재, 하고 있는 일을 좋아하고, 그 일을 좀 더 잘할 수 있을 때 각자는 긍정적인 직업의식을 갖게 됩니다. 또한 그 직업에서 성취감을 얻고 보람과 만족을 느끼게 될 것입니다. 따라서 구체적인 직업 선택을 위하여 자신의 의사를 결정할 때 개인의 흥미와 적성을 고려하여 자신의 직업적 소질을 탐색하는 일은 필수적이라고 할 수 있습니다. 이 프로그램은 스트라디바리우스 바이올린에 대한 설명을 듣고 자신이 잘하는 일이나 잘할 수 있는 일을 생각해 내도록 도움을 줄 것입니다. 흥미란 어떤 종류의 활동에 대한 개인의 선호도지 능력과는 관계가 없이 자신이 즐기고 좋아하는 것을 말합니다. 또한 적성이란, 어떤 능력이나 기술이 필요한 분야에서 그 일을 현재 얼마나 잘할 수 있으며 앞으로 얼마나 잘해 나갈 수 있는지를 보여주는 것을 말합니다.

그래서 이번 시간의 활동 목표는 자기의 소질을 발견할 수 있는, 기회가 되고 적성에 맞는 진로 계획을 세울 수 있도록 도움을 주는 데 있습니다. 지금부터 선생님이 읽어 주는 '스트라디바리우스 바이올린'을 잘 듣고 여러분이 가진 훌륭한 보석을 잘 찾아보기 바랍니다.

"바람이 몹시 세찬 겨울날 한 걸인이 런던 교외에 있는 작은 악기점에 낡은 바이올린을 들고 들어왔습니다. 『저는 지금 몹시 배가 고픕니다. 제발 이 바이올린을 사세요.』 하고 사정을 하는 것이었습니다. 그래서 악기점 주인은 그에게 5달러를 주고 그 바이올린을 샀답니다. 그 걸인은 매우 흡족해하며 돌아갔습니다. 걸인이 돌아간 후 악기점 주인은 그 낡은 바이올린을 튕겨보고 너무나 훌륭한 소리에 깜짝 놀랐습니다. 그래서 불을 밝히고 그 속을 들여다보았더니 그 속에는 놀랍게도 '안토니오, 스트라디바리우스 1704'라는 표가 적혀 있는 것이었습니다. 바로 100여 년 동안 행방을 모르던 유명한 스트라디바리우스였습니다. 이 바이올린은 그 후 10만 달러짜리 바이올린이 되었습니다. 그 가난한 사람은 그렇게 값비싼 악기를 가지고 있었지만, 그 가치를 몰랐던 것입니다. 그래서 가난하게 살 수밖에 없었답니다.

무슨 일이든 최선을 다할 때 자신의 소질을 찾을 수 있으므로 평소 자신이 좋아하는 일이나 잘하는 일을 마음속에 떠올려 보시기 바랍니다.

전개(35분)

* 나의 흥미와 적성(20분)
※ 진행 방법
* 나의 '흥미와 적성'(학생 활동자료 2-1)을 배부 작성하게 한다.
* 모둠원끼리 서로 소개하는 시간을 갖게 한다.
* 모둠원 별로 '나의 흥미와 적성'(학생 활동자료 2-1)을 한 명 정도 발표하는 시간을 갖는다.
* 준비물
* '나의 흥미와 적성'(학생 활동자료 2-1), 필기구
※ 강의

  '나의 흥미와 적성'(학생 활동자료 2-1)을 작성할 때 여러분들은 자신이 잘하는 공부, 운동, 그 외에 자신이 잘하는 것이 있으면 보기에서 찾아 더 써 보기 바랍니다. 그리고 주위에서 자신에게 무엇을 잘한다는 말을 들은 적이 있으면, 그 내용을 적어 보도록 하십시오. 그리고 앞으로 자신이 더 잘하고 싶은 것과 그것을 계속해서 발전시켜 나갈 때 내가 가질 수 있는 직업들을 생각나는 대로 모두 적어 보시기 바랍니다.

* 생각나는 대로 모두 찾아 적었으면 팀별로 서로 소개하는 시간을 갖도록 5분 정도 시간을 드리도록 하겠습니다. 그리고 모두 소개가 끝났으면 각 팀에서 한 명만 손을 들어 발표하도록 하겠습니다.
* 손을 든 친구부터 먼저 발표해 보세요. (발표)
* 자신 있게 먼저 발표한 친구에게 박수를 쳐 주십시오. (박수)

내가 잘하는 일(15분)

진행 방법
* '내가 잘하는 일'(학생 활동자료 2-2)를 배부하여 작성하게 한다.
* 성 된 것을 교실 게시판에 붙이도록 한다.

준비물 :
'내가 잘하는 일'(학생 활동자료 2-3), 필기구, 색연필

　※ **강의** : 지금부터는 (학생 활동자료 2-1) '나의 흥미와 적성'을 참고하여 (학생 활동자료 2-2) '내가 잘하는 일'의 워크시트를 작성하도록 하겠습니다. '그곳에는 앞으로 잘하고 싶은 것'과 '지금 가장 잘하는 운동, 지금 가장 잘하는 공부, 가장 잘하는 놀이, 가장 잘하는 노래', 등을 기록할 수 있도록 하십시오. 지시한 내용을 빠짐없이 다 기록하고 색연필로 예쁘게 색칠 하기 바랍니다.

※ 마무리 활동(5분)

진행 방법
* 게시판에 붙인 '내가 잘하는 일'(학생 활동자료2-2)을 오래 간직하도록 다짐하게 한다.
* 활동 내용을 정리한다.
* 차시 예고를 한다.

　※ **강의** : 게시판에 붙은 내가 색칠한 5개의 네모난 상자에 기록한 내용을 마음속으로 한 번 떠올려 봅니다. 그리고 그것을 오래도록 기억해 주기 바랍니다. 이번 프로그램에서 내가 가진 소질을 발견한 사람도 있을 것이고 그렇지 못한 사람도 있을 것입니다. 자기

소질을 발견한 사람은 그 소질을 잘 살릴 수 있는 직업을 갖도록 앞으로 최선을 다해 노력하여야 합니다. 물론 아직 자신이 가지고 있는 소질이 무엇인지 잘 모르는 사람은 앞으로 계속 이어지는 프로그램 활동을 통해서 발견할 기회가 오리라 생각됩니다. 너무 서두르지 않고 각자 무슨 일이든 최선을 다해 꾸준하게 생활하는 습관을 기르는 것이 중요합니다. 자신의 흥미와 앞으로 원하는 직업이 서로 관련되는가 확인해 보는 작업도 중요합니다. 다음 프로그램은 '내가 보는 너'라는 프로그램으로 다시 만나도록 하겠습니다.

항상 앞서 나가는 리더 Step 3
personal & public Leadership

단원 3) "리더는 항상 앞서" 가야 합니다.

리더는 변화를 주도합니다.
그러므로 리더는 항상 앞서가는 것입니다.
그리고 나를 따르는 사람들도 성장시켜야 합니다.

1. 잠재 능력

 인간이 가진 능력 중에 아주 소중한 것은 상상력을 가졌다는 것입니다. 철학자 칸트는 "인간의 정신적 능력 중에서 가장 중요한 것은 상상력이다"라고 했습니다. 상상력은 인간의 창조 활동 중에서 가장 기본적인 능력이기 때문입니다. 우리가 무한한 상상력이나 잠재 능력을 보유하고 있는데도 자기가 원하는 삶을 영위하고 있지 못하는 이유는 무엇일까요? 또 창조적인 일을 하고자 하는 열망이 성인이 되어감에 따라 그러한 욕구가 자꾸만 생각 이하로 내려가게 되는 이유는 무엇일까? 생각하여 보면 어떤 것에 길들어진 우리의 사고 때문입니다. 퍼스널 리더십 과정의 개발은 새로운 습관을 갖기 위한 자기 수련이라고 해도 과언이 아닙니다. 즉 부모나 가족, 학교, 사회적 환경 또는 트라우마에 의하여 잘못 길들어진 우리의 왜곡된 인지 사고를 재구성하는 것입니다.

 실지로 우리의 어린 시절 가정에서의 가족들은 나에게 많은 영향을 끼쳐왔습니다. 가족의 영향 때문에 가족 가운데 누구보다도 나은 성공적인 인생을 살기 위해 더욱 열심히 일함으로써 보다 큰일을 성취하게 되는 사람들도 있습니다. 또는 이와 반대로 가족의 영향 때문에 부모나 형제가 이룬 업적을 도저히 흉내 낼 수 없다고 체념해 버리고 아예 시도조차 해보지 않으려는 사람들도 있는 것입니다. 우리는 그러한 영향으로 인해, 나의 가치관, 필요성, 욕구, 등에 비추어 정확히 저울질을 해본 다음, 선택이라는 자유의지에 따라 자기 자신이 취사선택(取捨選擇)해야 합니다.

 그러함으로 길들이기의 영향은 좋을 수도 있고, 나쁠 수도 있습니다. 중요한 것은 그것이 나 자신에게 어느 정도의 영향을 미치는가 하는 것입니다. 자신이 사회에 적응하면서 강제로 타협을 당해서는 안 되며, 현 상태에 만족해 안주하는 것도 문제이지만 불만에 빠져도 안 됩니다. 우리는 나의 그릇된 생각에 길들어진 어떤 상태든지 올바른 자신의 참 뜻대로 재창조할 수 있다는 것을 깨달아야만 합니다.

퍼스날리더십을 발휘하지 못하는 사람은 가능한 한 도전을 피하고 평범하게 살아가는 것이 성공이라고 생각하는 사람들 틈에 끼이게 됩니다. 결국 자신의 평범한 인생을 그저 운명으로 받아들이는 소극적인 사람들이라 하겠습니다. 우리가 현재 길들어진 이유를 살펴보는 것은 퍼스날리더십을 개발하는 데 있어서 매우 중요한 것입니다. 나의 길들어진 모습을 생각해 보고 자신을 좋은 방향으로 이끌어 가는 방법을 통찰하게 되면 내가 이끄는 사람들에게도 그 영향력을 끼칠 수 있게 되는 것입니다.

지금부터 우리는 우리가 어떤 경로를 통해서 길들어지는지를 살펴보도록 하겠습니다.

첫째, 가정이나 가족으로부터 길들어집니다.

우리는 태어나서 부모나 가족으로부터 크게 영향을 받습니다. 어머니의 말과 행동에 영향을 받고, 아버지의 언행에 의하여 우리의 사고가 형성되기도 합니다. 따라서 바르게 교육을 받지 않으면 어머니나 아버지 또는 가족의 생각과 행동에 따라 생각하고 행동하게 될 것입니다. 한 예로 집안의 3대 독자를 둔 아버지가 어느 날

물에 빠져 익사한 사람을 보고 집에 와서 아들에게 "물가에 가면 위험하니 절대로 물가에 가지 마라"는 가르침 때문에, 성인이 된 지금도 바다나 물을 싫어한다는 사람도 있습니다. 이렇듯 말이나 행동을 제약함으로써 우리는 생각과 행동이 길들어집니다. 유대인의 어머니들은 아이들 앞에서 언제나 성경책을 읽고 있다고 합니다. 그래서 유대인들은 어려서부터 책을 읽는 습관을 길들이고, 5개 국어를 필수적으로 학습하도록 길들여집니다. 또한 "못 오를 나무는 쳐다보지도 말라"는 속담을 자주 사용함으로 도전 정신을 말살하는 예를 볼 수가 있습니다. 이러한 좋은 길들이기와 나쁜 길들이기는 어렸을 때부터 자연스럽게 아무런 방비도 없이 가정에서 길들여지는 것입니다.

둘째, 환경에 의해 길들어집니다.

가족만이 그러한 영향을 주는 유일한 요인이 아닙니다. 무상과 의무적인 교육정책으로 인해 우리 사회는 학교, 친구, 사회의 영향으로부터 완전히 격리된 사람은 보편적으로 없다고 볼 수 있습니다. 어린이와 청소년들은 물론이고 어른들도 외부의 영향에 의해 길들여지게 마련입니다. 청소년 시절에 친구들과의 교재를 통해서도 영향을 받는 것은 당연한 일입니다. 좋은 친구를 만나면 좋은 사고나 행동을 따라 하게 됩니다. 학교 선생님도 학생들의 생각과 행동이나 성격 형성에 많은 영향을 끼치게 되어 있습니다.

우리는 자기 인생에 영향을 준 훌륭한 선생님을 생각하고 그분의 지침을 받아들여 평생의 좌우명으로 삼고 사는 사람도 있지만, 대개 나이가 들면서 그 상황도 변하고 영향을 미치는 사람도 바뀌게 됩니다. 그러니까 우리는 여전히 주위 환경의 영향을 받으며 자신의 성격도 변하게 된다는 걸 알 수가 있습니다. 중요한 점은 전체에 순응하도록 길들여지는 동안에 우리 자신은 평범한 인간으로 매몰되어 버린다는 것입니다. 우리 의지대로 되고자 하는 내적 동기를 잃어버린다는 것입니다. 우리들 개인은 가장 고귀하고 독특한 존재입니다. 누구나 무엇인가 기여(寄與)할 만한 재능과 능력을 지니고 있습니다.

우리는 학교, 지역사회 또는 조직 속에서 공동생활을 영위해 나가려면 공중도덕을 지키고 많은 양보를 해야 하듯이 모든 일상에는 자신의 의무와 책임과 권리는 자유롭고 가장 자기다운 개성을 지켜나가야 하는 의무이기도 합니다. 그러기에 자신의 의무를 게을리해서도 안 되고 어떤 경우는 타협도 필요하지만, 문제는 사회가 우리에게 지나치게 평균치에 순응하도록 강요한다는 것입니다. 만일 우리가 사회의 압력에 지나치게 순응해져 버리면, 우리는 군중 속에 흡수되어 개인의 개성과 정체성을 완전히 상실한 채 우리가 속해 있는 사회나 제도 속에 매몰되어 버리고 말 것입니다.

셋째, 경험과 학습으로 인해 길들여집니다.

루소에 의하면 "식물은 지배에 따라 만들어지고 인간은 교육에 따라 만들어지는 것"이라고 했습니다. 사람들에게 영향을 미치는 세 번째 길들이기는 경험입니다. 우리는 세상에 대한 지식을 미리 갖고 태어나지는 않았습니다. 따라서 배우는 과정에서 실수를 저지르는 것은 당연하다고 하겠습니다. 또한 우리는 빈번히 실패를 거듭하게 됩니다. 그러나 어떤 일을 시도하다가 실패하더라도 이

후용은 잠시 생각에 잠겼다.

후용 "어릴 때 자연 속에서 느꼈던 평온함이 다시 필요할 것 같아요. 그때는 모든 게 복잡하지 않았는데…"

한의사는 부드럽게 조언했다.

한의사 "자연에서 얻었던 평온함을 떠올리며 자신만의 공간을 만들어 보세요. 그리고 자신이 느끼는 감정과 생각들을 글로 적어 보세요. 그것이 창의력과 상상력을 발휘하는 첫걸음이 될 겁니다."

후용의 숙제 (산문)

제목 : 자연 속에서

"나는 어릴 적, 아버지의 학대와 폭력으로 가득 찬 집에서 벗어나 산과 바다 들 돌이나 나무 아래 앉아 시간을 보내곤 했다. 그때 관찰하던 나뭇잎은 초록일 때도 단순히 초록색으로만 보이지 않았다. 나는 나무 잎새의 결을 손끝으로 따라가며 그 안에 숨겨진 생명의 흐름을 상상했다. 바람이 불면 잎사귀가 흔들리는 소리를 들으며 바람이 어디서 시작되어 어디로 끝나는지를 궁금해했다.

흐르는 강물도 그렇고 세차게 철썩이는 파도 소리 또한 내게는 단순한 소리가 아니었다. 나는 냇물이 지나가는 길, 돌 사이에 부딪히는 순간, 개울물 소리가 달라진다는 변화무쌍한 순간이 어느

새 바다와 맞닿아 결국 파도가 아우성을 치는 건 아닐까, 생각하면 염전이 소금 창고이긴 하나 결정체는 보석과 감옥에 바다가 은혜를 베풀어야 마음이 넓어지고 바로 그 마음이 하늘의 높임과 같은 힘이란 생각을 머릿속에 그렸다. 이 모든 생각들은 나를 혼란스럽게도 했지만 동시에 나에게 새로운 상상과 홀로 노는 법을 알게 되어 세상이 외롭지 않고 기쁨이 충만했다.

나는 이제야 깨닫는다. 어릴 적 내가 본 것들은 모두 신이 일반에 계시 된 자연의 아름 다 없는 일들이 나름대로 계속하여 아재비를 비슷하게 생산해 나가는 창의로 엘로힘, 신이 세상에 창조해 두신 세상의 본질이 엘로힘이었다. 나는 나뭇잎 하나에서도 우주의 질서를 느꼈고, 물소리에서도 생명의 순환을 보았다.

지금 나는 내가 자라면서 경험했던 모든 일 중 그 기억의 조각들을 글로 엮으며 다시금 나 자신을 이해하는 일이 곧 우주를 이해하는 것임을 깨달아 본다. 내가 가진 민감성과 혼란스러움은 약점이 아니라, 세상을 다르게 볼 수 있는 힘이라는 걸 안 이상, 나는 이제 이 힘을 사용해 나만의 이야기를 만들어가려 한다.

4~5회기

어느덧 후용이 한의사를 찾은 지도 5회기, 지난 4회기를 마치고 선생님은 창의성을 발휘하여 무엇이든 상상하고 자신의 마음을 표현해 볼 글을 써오라고 숙제를 내주었었다. 다음은 그 두 번째 수필이다.

유명한 운동선수가 되기 위해서는 수많은 시련을 겪어야 하듯이 껍질이 깨지는 아픔이 없이는 발전도 없다는 사실을 명심해야 합니다. 모험심을 가지고 도전한다면 내가 설령 실패를 본다고 해도 그로 인하여 더 많은 것을 얻게 될 것입니다. 용감하다거나 비겁하다는 것은 유전적인 것이 아닙니다. 내 생각과 습관에서 형성되는 개성 중의 하나입니다. 삶의 경험에 대해 어떤 마음가짐을 갖느냐에 따라 나의 개성이 결정되는 것입니다. 우리는 실수로부터 교훈을 얻을 수도 있고, 그 실수 때문에 회오리바람에 흩날리는 먼지 같은 존재가 되어버릴 수도 있습니다.

성공적인 사람은, 실수나 실패란 일종의 인식의 상태에 지나지 않는다는 사실을 알고 있습니다. 따라서 실패란 두려운 게 아니라 호기심을 갖고 '왜 실수를 저지르게 되는가? 그 실수로부터 배울 수 있는 것은 무엇인가? 바로 잡아야 할 일은 무엇인가?' 깊이 생각하는 피드백을 자신에게 늘 하도록 습관을 기르면 훨씬 더 성숙해진 나를 발견하게 될 것입니다. 즉 실수란 성공을 위한 이정표이며, 나의 목표를 달성하기 위해 점진적으로 발전해 가는 길을 끊임없이 제시해 주는 길잡이라고 할 수 있습니다. 나의 길들어지는 모습을 바꾸거나 변화시키고자 한다면 나는 반드시 이를 바꾸고 개선할 수 있습니다. 인간의 잠재 능력이 무한한 것을 인정한다면 나는 나를 변화시킬 수 있는 능력도 함께 가지고 있는 것입니다. 지도자는 자신도 성장해야 하지만 구성원들에게도 성장하도록 영향력을 행사해야 합니다. 진정으로 구성원들이 성공하도록 도와주는 것은 그들이 새롭게 변화해서 자신도 모르게 성장해 가도록 하는 것입니다.

명상 코너 "neicheo kolseu mi 관점 이동"

"neicheo kolseu mi- 네이처 콜스 미"는 "영에 육과 혼이 끼어들면 지속적인 시행착오로 낭패를 볼 수 있다."의 의미로 영혼, 육체, 정신이 조화롭게 작용하지 않으면 잘못된 선택이나 실패를 겪을 수 있다는 뜻으로 깊은 철학적 의미가 담겨 있다.

이와 연관된 철학적 개념은 유명한 철학자 플라톤과 아리스토텔레스로 플라톤은 영혼의 이원론을 주장하며 영혼과 육체의 관계를 탐구했고, 아리스토텔레스는 영혼을 생명체의 본질로 보았다.

"플라톤의 동굴 이론"과 "아리스토텔레스"의 생명론 중 플라톤의 가장 유명한 이론 중 하나가 '이데아론'이다. 그는 현실 세계는 불완전하고 변하는 것이며, 진정한 현실은 이데아, 즉 완전한 형태들이 존재하는 세계라고 주장했다. 이데아는 영혼의 세계에 속하며, 인간은 이데아를 기억하고 인식하는 존재로 보았습니다.

플라톤은 영혼을 세 부분으로 나누었는데 이성(정치적 통치), 기개(용기), 욕망(물질적 욕구). 이 세 부분이 조화롭게 작용해야 진정한 행복을 이룰 수 있다고 했습니다.

플라톤 철학을 현대적 적용할 때 문명과 문화로 이어지는 길목에 대해 플라톤의 동굴의 비유는 그의 저서 "국가"에 등장하는 유명한 이야기입니다. 비유에서 사람들은 동굴 안에서 벽을 바라보며 살아가고, 그들은 동굴 밖에서 비치는 그림자만을 보고 진실이라 믿습니다.

어느 날 한 사람이 동굴 속을 탈출 하여 밖의 세계를 경험하게 되고, 진정한 현실과 이데아를 깨닫게 됩니다. 이후 다시 동굴로 돌아와 다른 사람들에게 진실을 전하려 하지만, 그들은 그의 말을 믿지 않고 저항하게 됩니다.

이 비유는 인간의 인식, 진실, 교육의 중요성을 강조하며, 현실과 진리의 차이를 보여주는데 줍니다. 이러한 "동굴의 비유가 현대 사회에 어떤 의미를 미치는가 또는" 플라톤의 교육관에 대해 알고 싶을 때 동굴의 비유는 현대 사회에서도 여전히 중요한 의미를 가집니다. 주로 정보와 진실을 탐구하는 데 있어, 사람들이 여전히 제한된 시각이나 잘못된 정보에 갇혀 있다는 점을 상징할 때를 생각해 보십시오.

예를 들어 설명하자면 소셜 미디어와 같은 플랫폼에서 제공되는 정보는 종종 편향적이거나 왜곡될 수 있으며, 이는 사람들을 '그림자'에 머무르게 할 수 있답니다. 진정한 진리와 현실을 찾기 위해서는 비판적 사고와 열린 마음이 필요하다는 메시지를 전달하려고 할 때 이 비유는 곧 교육의 중요성을 강조하며, 사람들에게 더 넓은 시각과 이해를 제공할 수 있는 경험이 필요하다는 것을 일깨워줍니다.

"비판적 사고를 기르는 방법은 무엇일까요?"

비판적 사고를 기르기 위한 몇 가지 방법을 제시하자면 다음과 같습니다.

1. 질문하기 : 주어진 정보나 주장에 대해 항상 질문을 던져본다. "이 정보의 출처는 어디인가?" "이 주장은 어떤 근거로 인해 이루어졌는가?"의 맥락을 같이 하는 질문이 도움이 됩니다.

2. 다양한 관점 탐구 : 여러 관점에서 문제를 바라보고, 다양한 의견을 듣는 것이 중요합니다. 이는 편견을 줄이고 더 넓은 시각을 제공하기 때문입니다.

3. 논리적 사고 연습 : 논리 퍼즐이나 문제해결을 통해 사고를 훈련할 때 논리적인 결론을 도출하는 연습이 도움이 됩니다.

4. 토론 참여 : 친구나 동료와 다양한 주제로 토론해 보세요. 서로의 의견을 나누며 비판적으로 사고하는 능력을 기를 수 있습니다.

비판적 사고는 일상생활에서도 유용하게 활용될 수 있는데 "비판적 사고와 관련된 정보는 철학, 심리학, 교육학" 등 여러 분야에서 널리 논의되고 있는 주제입니다. 이와 관련된 책이나 자료를 읽으시면 더 깊이 이해할 수 있는 다음의 내용들을 참고 하시길 권면합니다.

Brain up coner

이 단원은 내가 학습한 내용 중에서 제일 공감 되고 자신의 생활에 활용할 만한 문장이나 내용을 적어 봅니다.

※ **이 단원에서 나의 Best Idea는 다음과 같습니다.**

※ **이유는?**

프로그램 세션 3) "내가 보는 너, 네가 보는 나"

(1) 도입 (5분)

※ **준비물** : "공작과 두루미"(교사 활동자료 3-1)
※ **진행 방법** : 먼저 활동 목표를 제시한다.
※ **강의 내용** : 이번 프로그램의 활동 목표는 '상대방을 통해 나를 바르게 이해한다.', '나는 상대방과 어떤 부분이 다르게 생겼는지, 또는 어떤 생각이 다른지' 서로 얼굴을 마주하고 대화를 나누며 알아보기입니다.
※ 내가 평소 친하다고 생각한 상대방을 얼마나 알고 있는지 직접 글로 적어 보고 또 그동안 관심을 가지지 못하고 지냈던 친구의 자랑거리를 찾아보면서 그 친구와 내가 서로 다른 점을 찾아보도록 합니다.
※ "공작과 두루미"(교사 활동자료 3-1) 읽어 주고 그 의미를 생각하게 한다.
* 먼저 활동에 앞서 공작과 두루미에 관해 듣도록 하겠습니다.

(2) 전개 (10분)

※ **준비물** : 학생 활동자료 3-1 "내가 보는 너"
※ **진행 방법** : 학생 활동자료 3-1 "내가 보는 너"를 구성원들에게 나누어 준다.
※ **강의 내용** : 평소 서로 친하다고 생각한 친구나 관심이 있었던 친구끼리 2인 1조를 만드세요. 그리고 '내가 보는 너'라는 활동자료에 자신과 친한 친구를 위해 평소 생각하고 있었던 점을 솔

직하게 기록해 주기 바랍니다. 그리고 여러분이 기록한 내용이 앞으로 그 친구가 성장해 가는데 많은 도움이 되리라고 생각합니다. 모두 다 적었으면 본인에게 돌려주고 서로 읽어 보시기 바랍니다. 자신에 대해 객관적으로 평가해 보는 시간을 가지게 될 것입니다. 친구가 나에 대하여 기록한 내용이 내가 생각하는 나의 모습과 꼭 맞는다고 생각되는 것도 있지만 전혀 다르다고 생각되는 것도 있을 것입니다. 무엇 때문에 이런 차이점이 생기는지 서로의 생각을 나눌 시간을 잠시 가지도록 하겠습니다.

(3) 친구 자랑하기 (20분)

※ **준비물** : 학생 활동자료 3-2 "친구 자랑하기"
※ **진행 방법** : * '친구 자랑하기'를 배부하여 작성하도록 한다.
* 집단에서 평소 친하지 않았던 친구에 대한 자랑거리를 기록하게 한다.
* 전체 집단에 6명 정도 발표하도록 한다.
* 기록된 내용을 친구에게 돌려준다.
※ **강의 내용** : 조금 전에 짝이 되었던 친한 친구가 아닌, 평소에 서로 관심을 가지지 못하고 지내던 친구나 왠지 서먹한 친구가 있으면 그 친구의 자랑거리를 찾아 자랑해 보시기 바랍니다. "친구 자랑하기" 활동자료의 동그라미 안에 친구의 장점을 모두 찾아 적어 주세요. 상대방이 무척 좋아할 것입니다.

모두 작성하였으면 전체 집단에서 서로 대화를 나누었던 친구들끼리 자랑할 기회를 드리도록 하겠습니다. 장점을 많이 찾아낸 구성원에 박수를 보냅니다. 그리고 활동자료는 주인에게 돌려주세요. 이번 시간에 발표하지 못한 친구들은 친구가 기록해 준 내용을 읽고 그 장점을 잘 살리도록 하기 바랍니다. 자! 지금부터 나의 자랑거리를 기록해 준 친구와 좀 더 친하게 지내시기를 바랍니다.

(4) 마무리하기 (10분)

※ **준비물** : 학생 활동자료 3-3 "친구의 좋은 점만 이야기하기"
※ **진행 방법** : *친구가 소개한 내용을 다시 피드백한다.
※ 활동 내용 정리한 다음 *차시 예고를 한다.
※ **강의 내용** : 친구 자랑하기를 돌려받은 사람은 자신에 대해 친구가 써준 장점을 생각하며 앞으로 긍정적인 생각들을 키우도록 하고 오늘 활동을 통해 알게 된 사실이나 배우게 된 느낌과 생각을 서로 나누세요. 평소에 자기의 장점이라고 한 번도 생각해 보지 않았던 점도 친구에게는 장점으로 보일 수 있었다는 사실을 알게 되었을 것입니다. 그 장점을 더 잘 살려 열심히 노력하는 사람이 될 때 여러분의 미래는 좀 더 밝다고 생각합니다. 다음 시간에는 '나의 적성과 흥미'를 찾아보는 프로그램으로 만나겠습니다.

※ 교사 활동자료 3-1 "공작과 두루미" 읽어주기

〈공작과 두루미〉 - "오색찬란한 깃털을 가진 공작이, 새들 앞에서 꽁지를 활짝 펼치며 자랑하였습니다.
「어머나 참 곱기도 하구나!」
새들은 공작의 아름다운 깃털을 보고 모두 부러워하였습니다. 그때 마침 두루미 한 마리가 그곳을 지나가게 되었습니다.
「두루미님, 공작의 깃털을 좀 보세요. 무지개처럼 아름답잖아요?」

새들이 두루미에게 말하자 두루미가 말했습니다.
「그래요. 정말 곱군요.」
공작은 우쭐거리며 두루미를 바라보았습니다. 두루미의 깃털은 하얗고 꽁지 쪽만 약간 검을 뿐, 결코 곱다고는 할 수 없었습니다. 공작은 비웃는 투로 두루미에게 말했습니다.
「당신의 깃털은 저와 비교도 안 되는 군요. 내 깃털은 자줏빛, 황금빛, 보랏빛 이렇게 갖가지 고운 빛깔의 무늬가 있어요.」
두루미는 여전히 차분한 어투로 말하였습니다.
「그래요. 당신의 말처럼 내 깃털은 아주 보잘것없어요. 하지만 나는 하늘을 날 수 있답니다.」
말을 마친 두루미는 날개를 퍼덕거리며 하늘 높이 날아올랐습니다.

♤ 깨달아 생각해 보기

(1) 공작과 두루미는 각각 어떤 특징을 가지고 있나요?
(2) 나는 가장 친한 친구와 어떤 다른 점을 가지고 있습니까?
(3) 나의 특기를 살려 무슨 일을 하고 싶습니까?

※ 사람들은 누구나 한 가지 이상의 능력과 특기를 지니고 있습니다. 우리는 이러한 능력과 특기를 잘 발전시키도록 노력해야 하겠습니다.

※ **학생 활동자료** (내가 보는 너 3-1)

※ 팀원 중 가장 잘 안다고 생각되는 구성원을 친구라고 생각하고 서로 짝을 지어 이 자료를 기록해 보도록 하겠습니다.

1. 내 친구가 나 이외에 가장 친하게 사귀는 친구 세 사람은?
   1)   2)   3)

2. 내 친구가 가장 좋아하는 일을 하나만 고른다면?
   *).

3. 내 친구가 가장 싫어하는 일을 하나만 골라본다면?
   *)

4. 내 친구의 생활 모습은 다음 중 어느 것에 해당하는지 ( )안에 O를 한다.
   1) 매우 즐겁고 보람차게 생활한다. ( )
   2) 즐거움이 없이 학교에 다닌다. ( )
   3) 부모님의 강요 때문에 어쩔 수 없이 다닌다. ( )

5. 내 친구의 성격은 다음 중 어느 것에 해당하는지 ( )안에 O를 한다.
   1) 모든 일에 적극적이다. ( )
   2) 소극적이고 의욕이 없다. ( )
   3) 불평이 많고 반항적이다. ( )

6. 내 친구의 좋은 점 3가지 찾기
   1)
   2)
   3)

※ **학생 활동자료 3-2** (친구 자랑하기)

* 우리 팀 중에서 평소 가깝게 지내지 못했던 구성원을 한 명 골라 친구라고 생각하고 다른 사람들에게 자랑할 점을 써 보도록 합니다.

4. 동기부여 Step 4.
personal & public Leadership

단원 4) 무엇이 인간을 행동하게 하는가?

인간은 자기 지배의 원칙 속에 살아갑니다.
누구의 간섭도 받기 싫어하는 본능을 가지고 있습니다.
또한 인간은 누구나 가지고 있는 욕구가 있습니다.
욕구가 없다는 것은 삶을 포기하는 것이기도 합니다.
퍼스널리더십의 발휘는 사람의 마음을 움직여서 함께 목표를 실현하는 과정입니다. 퍼스널리더십 발휘의 핵심은 각자의 욕구와 행동을 이해하고 활용하는 것입니다.

1. 동기부여의 개념

　리더십이란 다른 사람을 이끄는 행동입니다. 이는 곧 내가 다른 사람을 따른다는 뜻이기도 합니다. 그렇다면 다른 사람들이 스스로 따르게 하는 지도력이야말로 최고의 리더십이라고 할 수 있을 것입니다. 따라서 인간 행동의 요인들을 연구하는 건 리더십 개발의 필수 요인입니다. 특히 모든 자연에는 인간도 포함되어 있고 인간이라고 하는 범주 속에 나 자신은 자연처럼 한 그루의 나무와 같이 포함된다는 사실을 잊지 말아야 합니다.

　인간은 이성에 따라 행동하기보다는, 보다 많은 감정에 지배되며 행동하고 있습니다. 나무들이나 풀꽃들이 다르듯이 사람은 누구나 각자가 다 다르다는 걸 이해해야 합니다. 일하는 방식도 다르고 반응을 나타내는 방식도 사람에 따라 각자 다 다릅니다. 우리는 각자는 다 자신의 배경을 지니고 있으며, 독립된 하나의 인격체입니다. 이러한 각기 다른 사람들을 행동하게 한다는 것은 결코 쉬운 일이 아닐 것입니다. 더욱이 스스로 행동하도록 유도한다는 것은 더욱 더 어려운 일일지도 모릅니다.

　동기부여(Motivation)란 말은 라틴어 '움직이게 하다'(Movere)에서 유래한 말로 목표를 향한 자발적 행동을 끌어내고, 충동질하고, 계속하게 하는 심리적 과정을 총칭한다고 할 수 있습니다. 어떤 일에 동기화 되었다고 하는 것은, 그 행동에 대한 당신의 정서, 감정, 욕망, 열정, 태도, 관심, 신념, 흥미, 비전 등을 가지고 있다는 것인데, 이 모든 것들은 이성적이거나 합리적이라기보다는 감정적이고 반이성적입니다.

동기 부여된 상태를 우리는 '어쩐지 신바람이 난다.'라고 말할 수 있습니다. 나 자신이 신바람 나는 행동을 하는 이유를 알게 되면 내가 이끄는 조직을 신바람 나게 하는 방법을 터득하게 할 수 있는 것입니다. 이러한 동기부여의 이론에는 기대 이론 즉 무엇인가 기대하는 데서 행동이 나온다는 이론입니다. 이러한 기대 또한 욕구라고 할 수 있습니다. 동기부여에는 다양한 학자들의 견해가 있지만 동기부여의 원동력이 무엇인가에 대하여 심리학자들이 정의한 내용은 욕구(Needs)라고 할 수가 있습니다. 따라서 사람들의 욕구에 대하여 알아보는 건 동기부여 기술을 터득하기 위한 아주 중요한데 이는 모든 인간은 동기부여에 의하여 행동하기 때문입니다.

인간은 '자기 지배의 원칙'에 따라 살기를 원하기 때문에 다른 사람의 간섭을 받지 않고 스스로 행동하려는 본능이 있습니다. 그러나 이러한 본능이나 습관에 의하지 않고 의식적 의도적으로 행동할 때 우리는 동기부여가 되었다고 할 수 있습니다.

나는 행동을 선택합니다.

오늘부터 나는 새로운 나를 개발함으로써 새로운 나의 미래를 만들어갑니다. 잃어버린 기회를 아까워하며 절망의 구렁텅이에 빠지지 않습니다. 과거는 바꿀 수 없습니다. 하지만 우리의 미래는 다가옵니다. 나의 미래를 양손으로 높이 치켜들고 적극적으로 미래를 개척해 나갑니다. 아무것도 하지 않는 것과 무엇인가를 해야 하는 것 중 하나를 선택하라면 우리는 이제부터 행동을 선택해야 합니다.

선택을 위해 '나를 움직이는 힘은 무엇인가?'라는 명제에 대하여 지금부터 연구해 보도록 합시다. 무엇이 나를 행동하게 하며, 또한 다른 사람도 나의 뜻에 따라 행동하게 하기 위해서는 어떻게 해야 합니까? 나의 뜻에 따라 다른 사람이 움직이도록 하는 것은 리더십 발휘의 핵심이기 때문입니다.

인간은 누구나 다 욕구를 가진 존재로 누구나 성공하기를 원합니다. 실패자로 전 인생을 살고자 하는 사람은 아무도 없을 것입니다. 성공이란 자신의 독특하고 고유한 목표를 끊임없이 실현해 나가는 과정입니다. 또한 동기부여란 자신의 기대대로 성취되리라는 믿음과 기대가 있을 때 생겨나는 욕구입니다. 인간은 이러한 욕구가 있을 때 행동이 유발되는 것입니다. 퍼스널 리더십에서 욕구를 파악하는 것은 자기 자신만이 최적임자인 것입니다.

따라서 퍼스날 리더십을 개발하려면 우선 자신의 절실한 욕구를 먼저 발견해야 하는 것입니다. 또한 다른 사람을 이끌기 위해서는 다른 사람의 욕구와 목표를 이해하는 것이 무엇보다 선행되어야 할 중요한 전제인 것입니다. 인간이 자신의 존재 가치를 실현하기 위해 기본적으로 가지고 있는 욕구가 존재한다는 것은 지금까지 학계에서 많은 연구가 진행되어 기정사실화되어 있습니다. 매슬로 박사는 인간의 기본적 욕구는 다음과 같이 5단계로 이루어진다고 말하고 있습니다.

첫째 단계는, 신체적, 생리적 욕구로 누구나 신체적으로 건강 하고자 하는 욕구입니다.
두 번째 단계는, 안전을 바라는 욕구로 사회보장, 보험 등 최소한의 행복을 위해 자신의 안정을 바라는 욕구입니다.

세 번째 단계는, 소속감의 욕구로 관계 욕구라고도 합니다. 이 요구에 관한 단계는 사회적으로 인정받고, 어떤 집단에 귀속하고자 하는 욕구, 즉 소속감과 교제 등을 통해 자신의 존재 가치를 인정받고자 하는 것입니다.

네 번째 단계는, 자아 존중감의 욕구입니다. 즉 나는 매우 중요한 존재이며 개인적으로나 어떤 집단에서 중요한 한 부분을 공헌하고 있다고 믿고자 하는 것입니다.

다섯 번째 단계는, 자아실현의 욕구입니다. 끊임없는 자기 발전과 본 차원 높은 목표를 점진적으로 실현해 나가는 것입니다. 인간은 감성과 이성의 통합체입니다.

욕구는 감성입니다. 감성은 상상력과 꿈의 세계를 확장하여 주며 열정을 불러일으켜 가능성의 개념을 확장하여 넓혀줍니다. 이성은 이론과 확률과 분별을 다루는 것입니다. 지금까지 감성보다 이성의 우수성을 강조하거나, 감성은 나쁘고 이성은 좋다는 고정관념을 탈피해야 합니다. 감성은 감정에 대한 새로운 인식을 통해 감성을 유발하는 요인을 이해할 때 감정을 통제하고 활용할 수 있게 됩니다. 신이 인간에게 감성과 이성을 갖게 한 일은 인간이 만물의 영장으로 이 모든 자연을 보호하고 다스리게 하는 조건이었습니다. 이성과 감성 중 어느 한쪽이 약한 상태에 따라 불안의 강도가 높아지고 둘 다 부족하면 인간의 평균치에서 벗어나 심인성 장애를 앓을 수 있는 상태라고 할 수 있습니다. 더욱 중요한 것은 요즘 사람들은 무엇을 거저 주는 법도 없고, 거저 얻으려는 마음도 갖지 않는다는 것입니다.

인간의 행동은 정당한 교환 체계 속에 살고 있습니다. 우리가 빵을 얻기 위해서는 노동이라는 대가를 치러야 합니다. 이 세상에는 저저 얻어지는 것은 없습니다. 욕구를 행동으로 옮기도록 자극하는 것은 지급한 대가에 대하여 받는 것이 있다는 교환의 개념이 작용합니다. 교환가치와 교환의 공정성은 사람의 시각에 따라 판단하여 내가 가치 있게 생각하는 일을 어떤 사람은 그것에 대해 아무런 가치를 느끼지 못할 수도 있다는 것입니다. 이것 또한 감성이 작용합니다. 교환가치는 공정해야만 행동이 유발합니다. 내가 진정으로 성공하기를 원한다면 내가 전 인생을 걸고 노력하여 그 대가를 얻을 수 있는 것입니다.

2. 동기부여의 종류

1) 압력이나 공포감 조성에 의한 동기

이는 보편적으로 타인을 움직이게 하는 동기부여의 방법에 있어 목표설정이론은 '이것을 하지 못하면 어떠한 체벌을 가하겠다.' 벌하여 행동을 유발하는데 목표를 설정해 주고 목표 달성과 연관된 부정적 동기부여를 하는 방법입니다. 이러한 심리적 압박감을 줌으로써 목표를 달성하고자 한다면 자기 스스로 목표 달성을 위해서는 자신에게 심리적 압박을 가해야 할 것입니다. 인간은 스트레스를 받으면 지치고 고통스러워집니다. 나중에는 스스로 포기하는 면역성 결핍증이 생긴다고 합니다. 따라서 이러한 동기부여는 어떤 일을 지속적으로 하게 하지 못한다는 단점이 있습니다. 또한 압력에 의한 비자발적 동기부여는 고대부터 노예를 부릴 때 주로 사용했던 방법이라고 할 수 있습니다. 이는 창의성을 말살하고 단기적 성과는 올릴지 모르지만, 결코 지속적으로 사용하지 못한다는 것입니다.

2) 인센티브(Incentive)에 의한 동기부여

또 다른 동기부여 방법으로는 '무엇을 하면 어떤 대가를 주겠다.' 하는 물질적 보상을 제시하여 행동을 유발하는 방법입니다. 아마도 이 방법은 현대 경영에서 가장 많이 사용하는 방법일 것입니다. 긍정적이긴 하지만 목표의 한계와 조건을 제시하는 경우입니다. 그러나 사람들은 물질적 풍요로만 행복해질 수 없는 것입니다. 자신이 원하는 일을 할 때 행복감을 느끼는 것입니다. 또한 이러한 동기부여는 그 당근을 먹고자 하는 욕구가 전제되어야 한다는 것입니다. 당나귀가 좋아하는 당근도 계속해서 주면 배가 불러 싫증을 느끼게 될 것입니다. 운동선수에게 하루 종일 운동만 하게 하는 것도 고문에 가까운 행동일 수 있습니다.

이러한 인센티브에 의한 동기부여 역시 당사자가 당연한 권리로 받아들이려면 먼저 지속적으로 강도를 높여 대우해 주던지 해야 할 것입니다. 이러한 외적 물리적 힘에 의한 동기부여는 외부적, 단기적이기는 마찬가지입니다.

3) 스스로 이끌어가는 자발적 동기부여의 힘

자기 스스로 움직이는 힘 또는 자기가 이끄는 집단이 자발적 동기부여에 따라 움직이게 한다는 것은 리더들의 가장 절실한 바람일 것입니다. 자발적 동기부여의 철학은 인간의 본성에 대한 진정한 이해에 근거를 두고 있습니다. 우리가 자발적 동기부여의 방법을 터득하게 되면 나는, 나 자신의 행동에 책임을 지게 됩니다.

이러한 과정은 창의성에 따른 자신의 성장과 남을 돕는 기회를 제공해 줄 것입니다. 두말할 필요도 없이, 태도 변화에 의한 동기부여, 즉 자발적 동기부여는 가장 강력하고 지속적인 힘을 제공하는 것입니다. 나는 내 가족, 친구, 직장 그리고 가장 중요한 나 자신의 인생 전반에 대한 태도를 변화시킬 때 나는 나의 인격 그 자체를 변화시킬 수 있게 됩니다. 퍼스널리더십의 개발은 태도 변화에 의한 자발적 동기부여 훈련이라고 할 수 있습니다.

우리는 지금까지 살아오면서 나 자신이 쌓아온 태도와 습관의 통합체라는 사실에 주목할 필요가 있습니다. 우리는 나 자신이 거의 또는 전혀 통제할 수 없었던 환경 속에서 형성해 온 습관에 따라 반응하고 평가하고 대응합니다. 그러나 성인이 되어가면서, 이를 바꿀 수 있다는 사실에 주목하십시오. 현재 나의 태도가 과거의 영향을 받은 것이라 하더라도, 나에게는 나, 자신의 세계를 해석하거나 인식하는 새로운 방법을 깨울 잠재된 능력이 있습니다. 과거란 지난 일에 대한 현재의 견해일 뿐입니다.

지난날에 내가 실패한 과거의 선례에 의해 구속될 필요가 없습니다. 새로운 경험을 하게 될 때마다 새로운 가치관을 추가할 수 있는 것입니다. 나는 새로운 결정을 내릴 수 있고, 그에 따라 태도를 변화시킬 수도 있습니다. 태도를 변화시키고자 할 때 자발적 동기부여가 생기게 되는 것입니다.

자발적 동기부여는 쉬운 과정이 아닙니다. 오랜 세월을 통해 형성된 과거의 태도를 단절시키는 데에는 많은 시간이 필요합니다. 때로는 뜻대로 잘되지 않아서 좌절에 빠지기 쉬울 것입니다. 그러나 태도는 생각의 습관일 뿐이며 생각의 습관은 새로운 습관으로 대체 될 수도 있다는 사실을 기억한다면 도움이 될 것입니다.

나는 나 자신이 가진 사고방식의 희생자이거나 수혜자이거나 둘 중의 하나입니다. 자발적 동기부여에서는 교환 개념이 드러나지 않습니다. 태도와 습관에 변화를 주기 위해 필요한 행동은 지금 당장 취해야 하지만, 그 효과가 나타나는 데는 오랜 시간이 걸리며 그 효과는 눈에 보이지 않는 무형의 것일 경우가 많습니다. 그리하여 우리는 차츰 자신과 타인에 대해, 주변 상황과 인생에 대해 가지고 있는 아주 기본적인, 그리고 대단히 중요한 태도까지도 바꿀 수가 있는 것입니다.

그런 후에야 우리는 나 자신이 미리 설정한 가치 있는 목표를 실현하기 위해 점진적으로 나아가게 될 것입니다. 자발적 동기부여와 퍼스널리더십의 향상은 나 자신과 상황에 대해 긍정적이고 건전한 태도를 얼마만큼 개발하느냐에 달려있습니다. 나는 어떤 경우에도 결코 어떤 것도 거저 얻을 수가 없다는 각오로 임해야 합니다. 나의 목표가 진정으로 '하고 싶고, 갖고 싶고, 되고 싶은 것'이라면 그 목표가 스스로 나를 이끌게 될 것입니다. 이것이 바로 자발적 동기부여 힘의 원천입니다. 퍼스널리더십의 잠재 능력을 개발함으로써 얻게 되는 궁극적인 보상은 자아실현이라는 걸 다시 한번 더 강조하는 바입니다.

Brain up coner

 이 단원은 내가 학습한 내용 중에서 제일 공감 되고 자신의 생활에 활용할 만한 문장이나 내용을 적어 봅니다.

※ 이 단원에서 나의 Best Idea는 다음과 같습니다.

※ 이유는?

5. 사고 행동 습관 Step 5
personal & public Leadership

단원 5) "사고의 습관과 행동의 습관"

내가 이룩할 수 있는 세계를 만들어 가는 것은
오로지 나의 생각, 나의 마음가짐, 나의 태도에 달려있습니다.

<지금 내가 알고 있는 걸 그때도 알았더라면.>
- 요한 킴벌리 -

지금 내가 알고 있는 걸 그때도 알았더라면
내 가슴이 말하는 것에 더 자주 귀 기울였으리라.

더 즐겁게 살고 덜 고민했으리라. 금방 학교를 졸업하고 머지않아 직업을 가져야 한다는 걸 깨달았으리라.

아니, 그런 것들은 잊어 버렸으리라. 다른 사람들이 나에게 말하는 것에는 신경 쓰지 않았으리라.

그 대신 내가 가진 생명력과 단단한 피부를 더 가치 있게 여겼으리라. 더 많이 놀고, 덜 초조하게 느꼈으리니,

진정한 아름다움은 자신의 인생을 사랑하는 데 있음을 기억하고 부모가 날 얼마나 사랑하는가를 알고 또한 그들이 내게 최선을 다하고 있음을 믿었으리라,

사랑에 더 열중하고 그 결말에 대해선 덜 걱정했으리라. 설령 그것이 실패로 끝난다 해도 더 좋은 것이 기다리고 있음을 믿었으리라.

아, 나는 어린아이처럼 행동하는 걸 두려워하지 않았으리라. 더 많은 용기를 가졌으리라. 모든 사람에게서 좋은 면을 발견하고 그것들을 그들과 함께 나눴으리라.

지금 알고 있는 걸 그때도 알았더라면 나는 분명, 춤추는 법을 배웠으리라.

내 육체를 있는 그대로 좋아했으리라. 내가 만나는 사람을 신뢰하고 나 역시 누군가에게 신뢰할 만한 사람이 되었으리라.

입맞춤을 즐겼으리라. 정말로 자주 입 맞췄으리라. 분명코 더 감사하고, 더 많이 행복하였으리라.

그래서 나는 지금 알게 된 그것들을 내가 알게 도와준 모든 이와 그것들에 감사하며 지금 행동하고 즐기며 행복하겠습니다.

1. 행동 양식과 습관 형성

<꽃이 무섭다.>

학습이란 무엇입니까? 배워서 스스로 깨닫고 깨달은 바를 습관적으로 행동한다는 것입니다. 결국 학습이 잘되었다는 건 올바른 사고와 태도가 형성되었다는 것을 의미하는 것입니다.

사람은 모든 사실을 자신의 태도로 바라보며 이에 따른 해석을 내리게 됩니다. 그런 결과 그 해석에 따라 특유의 행동을 하게 되는 것입니다. 이것을 우리는 그 사람의 독특한 태도 즉 행동양식이라고 하는 것입니다.

우리는 우리 자신을 솟아오르게 할 수도 있고 나를 가라앉게도 할 수 있습니다. 어떤 경우에 나는 나를 성공하게 할 수도 있고, 실패하게 할 수도 있습니다. 나는 나의 마음이 기쁨과 흥분으로 가득 차 활력이 넘치는 노래를 부르게 할 수도 있고 혹은 나 자신이 풀이 죽어 우울하게 할 수도 있습니다. 나는 나에게 굴레를 씌워 무거운 짐을 지게 할 수도 있으며, 나는 나의 힘으로 무지개의 빛이 되어 아름답게 춤을 추며, 힘차게 전진할 수 있습니다.

나는 나를 목적이 없이 방황하게 할 수도 있고 성장을 거듭하여 훌륭하고 아름다운 모습으로 비추어지게 할 수 있는 것입니다. 나는 결코, 없어지지 않고, 단지 새롭게 태어날 수 있을 뿐입니다. 나 자신이 이룩할 수 있는 세계를 만들어 가는 것은 오로지 내 생각, 나의 마음가짐, 나의 태도에 달린 것입니다.

사람이 아름다운 까닭은 스스로 변화시킬 수 있기 때문입니다. 성경에는 자신을 다듬어 가는 사람을 좋은 목수에 비유하고 있습니다. 인간의 의식은 어떤 모양으로도 만들어갈 수 있는 제목입니다. 목수가 집을 짓고 가구를 만들듯이 우리도 마음만 먹으면 사랑, 지혜, 인내, 열정, 명랑함, 헌신 같은 아름다운 감정과 태도를 만들어 낼 수 있는 것입니다.

프로이트는 유년기에 성격이 형성되면, 이 성격에 따라 태도가 행동을 결정한다고 했습니다. 특히 성격은 유년기에 부모의 교육이나 부모와의 관계에서 형성된다면 태도 역시 그때 형성된다고 볼 수 있습니다. 예를 들어, 어느 초등학교의 글짓기 대회에서 1등을 한 작품의 제목이 '꽃이 무섭다.' 이렇게 표현을 한 경우가 있었습니다. 그 아이의 사연은 학교 화단의 꽃이 너무 아름다워서 그

꽃을 꺾다가 선생님에게 들켜서 손바닥으로 뺨을 맞았던 것입니다. 그 뒤부터 꽃을 보면 무섭다고 생각하게 된 것입니다.

꽃이 무섭다는 생각은 자신의 과거 경험이 학습됨으로써 생각을 지배하게 되고, 그러한 마음가짐과 태도가 형성된 것입니다. 어떤 학자들은 같은 여건에 여러 번 부딪치면서 훈련이 되풀이될 때 태도가 형성된다고 합니다. 따라서 훈련에 따라 생각을 바꿀 수 있는 것입니다. 나 자신이 긍정적인 생각과 태도를 계속하다보면 긍정적이고 적극적인 사람이 되어 성공자가 되는 것입니다. 하지만 부정적인 생각을 계속하다 보면, 부정적인 사람으로 변하여 타인으로부터 경원시 될 수 있는 것입니다.

지도자는 언제나 긍정적인 사람입니다. 보이는 것들은 모두 보이지 않는 것으로 이루어진다는 성경의 말이 있듯이, 경험하지 않은 생각만으로도 태도가 형성될 수 있습니다. 예를 들어 내가 좋아하는 사람을 만나기로 하였다거나 좋아하는 일을 하기로 하였다면 그 사람을 만난다는 생각만으로도 그 일을 한다는 생각만으로도 나는 기쁨을 느낄 수 있고, 결국 그 일을 현실에서 이루어 나타나게 되는 것입니다. 그러기 때문에 생각만으로도 훈련이 가능한 것입니다. 나는 나도 모르게 스스로 제한하는 나쁜 습관을 형성했는지 모릅니다. 이것은 습관이 무의식적으로도 형성이 된다는 것을 의미합니다.

지도자는 자기 자신 스스로 긍정적인 생각을 하는 사람입니다. '안 된다.'라고 생각해서 무엇을 얻을 수 있겠는가? 할 수 있다고 생각하는 사람들은 그 능력이 무한히 개발되는 것입니다. 부정적인 지도자를 따르는 경우는 잘 없습니다. 따라서 의식적으로 긍정적인 생각을 계속 연습해야 하는 것입니다.

2. 행동 양식은 바꿀 수 있는 것입니다.

이제까지 태도와 습관 형성 과정을 살펴보았습니다. 바람직하고 좋은 태도를 개발하기 위해서는 이미 만들어진 그런 바람직하지 않은 태도를 바꾸도록 대책을 취하지 않으면 안 됩니다. 어떠한 태도든지 그 태도에는 각각 원인이 있다는 사실을 이해하고 그 원인에 대한 대책을 취해야 합니다. 태도는 경험 위에서 만들어지는 것이기 때문에 좋은 태도를 개발하려면 좋은 경험을 지속해야 합니다.

또한 태도는 욕구와 밀접한 관계를 맺고 있기 때문에 자신의 욕구에 맞는 경험을 하도록 노력해야 하는 것입니다. 이제 나의 습관이나 태도를 바꾸고자 한다면, 그 새로운 습관이 나에게 어떤 만족이나 즐거움을 줄 수 있는지를 알아내야 합니다. 그런 후에 나는 그보다 더 큰 만족을 줄 수 있는 다른 행동양식을 찾아내야 합니다. 새로운 관심의 증폭은 한 가지 습관을 쫓아내고 새로운 습관으로 바뀌게 하여 줍니다.

어떤 습관이든 그냥 사라지는 법은 없습니다. 새로운 습관이 형성되지 않으면 반사적으로 옛날의 습관으로 되돌아갑니다. 그동안 길들어진 나쁜 습관을 바람직한 새로운 습관으로 대치하는 것이 쉬운 일처럼 생각할지도 모르지만 실제로 그것은 어려운 일입니다. 하지만 그것은 인간만이 해낼 수 있는 일이기도 합니다. 그 열쇠는 나 자신을 이해하고 나의 습관을 깊이 이해하는 나의 성찰을 통해 가능한 것입니다.

　태도의 변화는 내면적인 이해와 용납에서 비롯되어야 합니다. 태도를 바꾸려면 먼저 자신의 사고와 행동에 대한, 깊은 성찰을 해야 합니다. 즉 '나는 왜 이런 태도와 습관이 형성되었는가?' "나의 나쁜 습관과 태도를 바꾸는 것이 나에게 진정으로 가치 있고, 나의 발전에 도움이 되는가?"에 대해서 깊이 생각해 보아야 합니다.

　자신의 성찰에서 비롯된 태도 변화만이 영구적인 것이 됩니다. 태도의 변화와 관련된 또 다른 요소는 변화 그 자체에 대한 나의 마음가짐입니다. 변화에 늘 저항 하면서 '이대로도 좋은데 바꿀 필요가 있을까?' 하는 것은 변화에 대한 나의 저항일 뿐입니다. 그렇다면 이처럼 사람들이 변화에 저항하는 세 가지 요인은 무엇이며 그에 따른 해결책은 무엇일까요?

　첫째는 사람은 누구나 미지의 것에 대한 두려움이 있습니다. 새로 부딪치는 일련의 상황 속에는 실패의 가능성을 다분히 내포하고 있습니다. 실패가 두려워서 아무것도 하지 않는다면, 안전할지는 모르지만, 발전이란 결코 일어날 수 없는 것입니다. 미지의 것에 대한 두려움은 사람들을 나약하게 만드는 것이며 변화를 가로막는 요인인 것입니다. 두려움의 지배를 받는 사람은 정신적으로 병든 사람이지만 두려움을 정복하는 사람은 자아실현과 성취의 성공으로 가득 찬 보람 있는 삶을 영위하게 되는 것입니다. 누구를 또는 어떤 일을 두려워한다는 것은 어쩌면 정신적으로 병든 사람인지도 모릅니다. 두려움이나 공포감은 하나의 상상에 지나지 않습니다. 도깨비 그림을 그리는 것이 제일 쉽다고 합니다. 그것은 존재하지 않은 것을 상상으로 그려내기 때문입니다. 두려움을 극복하는 적극적인 방법은 행동을 취하는 것입니다.

둘째는 자신의 태도가 잘못되었다는 사실을 인정하려고 하지 않고 느끼지도 못하면서 살아가고 있다는 것입니다. 변화한다는 것이 자연법칙임을 인정한다면, 어린 시절에 내가 옳다고 생각했던 것이 나이가 들어 생각하여 보면, 그것이 철부지 같은 생각이었다는 것을 알 수 있습니다. 나 자신이 정말로 올바른 성장과 발전을 원한다면 나는 반드시 변화의 철학을 가져야 합니다. 그것은 내가 변화를 원하기 때문에 이를 바로 실천하는 용기를 갖는 것입니다. 용기란 두려움의 지배를 받지 않고 두려움을 역용하는 것이라고 할 수 있습니다.

셋째는 변화를 어디서부터 시작해야 좋을지 모르기 때문에 변화를 시도하지 못하는 것입니다. 놀랍게도 많은 사람들이 자신의 진정한 목표를 갖고 있지도 않고, 목표에 대한 개념도 없으며 목표를 구체적으로 어떻게 달성해야 하는지도 모르는 사람들이 많다는 것입니다. 그러므로 만약 나 자신이 미리 계획된 자신의 인생 목적과 목표를 가지고 있을 때나 자신의 태도를 바람직하게 바꿀 수 있는 것입니다. 퍼스널 리더십의 개발은 나에게 꿈과 희망과 영감이 샘솟는 삶을 살아가게 할 것입니다. 변화에 늘 저항하는 사람은 따분하고 단조로운 생활을 하지만, 변화를 받아들이는 사람은 다채로운 삶의 즐거움을 발견하게 됩니다. 변화를 시도하는 사람은 언제나 새로운 도전을 통해 새로운 경험을 하게 되고 따라서 새로운 차원의 자극을 즐기게 되는 것입니다.

변화는 발전입니다. 변화는 진보입니다. 변화하지 않고 그대로 있다는 것은 안전이 아니고 퇴보를 의미합니다. 왜냐하면 다른 사람이 변화하는 동안 나는 정체되어 있기 때문입니다. 따라서 나는 앞으로 다가올 변화에 대한 두려움을 극복하고 이에 대처하는 위험을 감수하는 용기와 결단이 필요한 것입니다. 퍼스널 리더십을 개발하는 주된 목적은 내가 의도한 대로 나 자신을 만들어가기 위한 새로운 성공 태도와 성공 습관을 만들어가기 위한 과정입니다. 이를 통하여 건설적이면서도 무한한 나의 잠재 능력을 유감없이 발휘하는 창조적인 목표의 실현 자가 되는 것입니다.

3. 지도자는 언제나 창의적인 사람입니다.

(창의(創造) : 비롯되다. 혼이 나다. 데다. -짓다, 만들다, 세우다, 꾸미다, 조작하다.
(장의(創意) : 비롯되다. 혼이 나다. 데다. -뜻, 정취, 생각, 풍경.

창의란 무엇입니까?

창의란 없는 것을 만들어내는 과정이 아닙니다. 사고와 사물의 새로운 조합입니다. 창의로 인해 새로운 형태의 창조물이 만들어지는 것입니다. 내가 지금까지 쌓아온 지식 가운데 훌륭한 지식만을 골라 그것을 확장하여 나가는 사고를 전환할 때 창조적인 아이디어가 샘솟는 것입니다.

창의의 과정에는 상상력이 매우 중요한 요소입니다.

상상력은 창조의 과정입니다. 상상력이란 무엇입니까? 존재하지 않는 것의 존재 양식을 생각해 내는 지적인 능력입니다. 퍼스널 리더십의 가장 중요한 특징은 창의성입니다. 창의성은 나의 활동에서 커다란 역할을 하는 것입니다. 마음을 안정시키거나 흥을 돋우는 음악, 감동적인 그림, 흥미롭고 진지한 영화, 그리고 사색에 잠기게 하거나 마음을 움직이는 소설 등에서 창의성을 느낄 때 나의 삶은 풍요로워지는 것입니다. 창의성은 순수한 발명의 기술보다 훨씬 더 세련된 기술입니다. 무엇인가를 기꺼이 혁신하려는 생각이며 지금까지 시도하지 않았던 것을 시도해 보려고 하고, 관련이 없는 것을 관련지어 보려는 것이며, 관습과 전통에 얽매이지 않는 순수한 정신입니다.

어린아이의 순수함은 호기심을 자극합니다. 호기심은 영감의 원천이며 창의성을 낳는 것입니다. 인간이 할 수 있는 가장 아름다운 경험은 신비로움입니다. 바로 이것이 예술과 과학을 길러낸 근본적인 감성입니다. 더 이상 호기심을 느끼지 못하는 사람들, 그리고 경이로움에 무덤덤한 사람은 죽은 사람이거나 또는 눈먼 사람일 수도 있습니다. 창의적 사고를 개발한다는 것은 부정적인 생각을 버리는 것입니다. 부정적인 생각에서는 아무것도 생기지 않기 때문입니다.

그렇다면 이러한 부정적인 생각은 왜 생겨나는 것일까요?

그것은 '아니요.', '안 됩니다.', '할 수 없어요.' 라는 부정적인 단어를 수없이 반복하다 보면 부정적인 사고가 퍼스널리티(Personality) 곧 나의 사고 감정 행동이 부정적인 것에 지배되어

버리기 때문입니다. 또한 과거의 실패에 대한 회상을 자꾸 하게 됨으로써 실패를 상황 탓으로 돌리는 나쁜 습관에 빠져들게 되는 것입니다.

사고와 습관은 사고방식을 만들게 됩니다.

부정적인 사고의 습관은 부정적인 사고방식을 만들게 되는 것입니다. 따라서 "나는 잘 할 수 있다.", "나에게는 무한한 잠재 능력이 있다."라는 내 생각의 습관은 나를 더 높이, 더 깊게 향상(向上)시켜 나갈 것입니다. 목표가 확실하고 긍정적인 생각을 계속하는 것이 창의력을 개발할 수 있는 것입니다. '해낼 수 있다.'라고 생각하면 모든 아이디어가 샘처럼 솟아나게 될 것입니다.

Brain up coner

 이 단원에서 내가 학습한 내용 중에서 제일 공감이 되고 자신과 일과 활용할 만한 문장이나 내용을 적어 봅니다.

※ 이 단원에서 나의 Best Idea는 다음과 같습니다.

그 이유는?

활용 분야는?

"의사결정 방법"

(1) 도입(5분)
Q 진행 방법
* '의사결정의 예'(학생 활동자료 5-1)를 배부하여 읽도록 한다.
* 활동 목표를 제시한다.
준비물 : '의사결정의 예'(학생 활동자료 5-1)
강의 내용 : 이번 시간에는 의사결정 방법 5단계에 대해서 알아 보도록 하겠습니다. 구체적인 상황을 통해 의사결정 연습을 하고 어떤 상황에서도 의사결정을 잘할 수 있도록 하는 데 목적이 있습니다.
* 나누어 준 '의사결정의 예'(학생활동자료5-1)를 한번 읽어 보세요. 어렵더라도 이번 시간이 지나면 자신의 의사를 결정할 수 있는 능력이 길러질 수 있을 것입니다.

(2) 전개 (35분)- 의사결정 방법(5분)
* **진행 방법**
* **'의사결정 방법'**(학생 활동자료 5-2)을 배부한다.
* 의사결정 방법을 잘 설명하고 〈보기〉에서 찾아 쓰게 한다.
* 학생들의 의사결정 방법 5단계를 잘 찾았는지 확인한다.
준비물 : '의사결정 방법'(학생 활동자료 5-2)
* **강의 내용** : 첫 번째 활동인 '의사결정 방법'(학생 활동자료 5-2)은 의사결정의 5단계를 〈보기〉에서 찾아보는 활동입니다. 무엇을 결정하기 전에는 신중하게 생각해야 합니다. 그러나 일단 결정한 것은 계획을 수립하고 그대로 밀고 나가야 합니다. 결정하는 각 단계의 내용을 〈보기〉에서 골라 써넣는 활동입니다. 단어가 조

금 어렵더라도 선생님의 설명을 잘 듣고 찾아보세요.

여러분들이 찾은 5단계가 맞는지 선생님과 확인해 볼까요?
1단계(목표 확인), 2단계(대안 탐색), 3단계(기준 확인), 4단계(대안 평가 및 결정), 5단계(계획수립 및 실행)를 정확하게 찾은 사람이 많은 것 같습니다. 어려운 활동임에도 불구하고 열심히 참여하는 모습이 아름답습니다.

※ **의사결정 연습**(15분)
* **진행 방법**
* 각 모둠에 '의사결정 연습'(학생활동자료5-3)을 배부하고 작성하여 연습하게 한다.
* 각 모둠끼리 돌려가며 읽어 보게 한다.
* **준비물** : '의사결정 연습'(학생활동 자료 5-3), 필기구
* **강의 내용** : 이번 시간의 두 번째 활동으로 '의사결정 연습'(학생활동 자료 5-3)을 하도록 하겠습니다. 앞에서 자기의 의사를 결정하는 5단계를 알아보았습니다. 이제 그 단계에 맞는 의사결정을 연습해 보는 순서입니다. 수민의 예를 들면, 상영 마지막 날 영화를 보러 가려고 했는데 어머니가 할머니 댁에 가야 한다고 하셨습니다. 내가 수민이라면 다섯 가지 단계에 맞게 어떤 결정을 내릴지 생각해 보고, 현명한 의사결정이 되도록 모둠원들과 의논하여 활동지에 적으세요.
* 의사결정을 내린 상황을 기록했으면 다른 모둠과 돌려보겠습니다. 자기 모둠과 다른 결정을 한 모둠이 있으면 어느 결정이 더 좋은지 서로 비교하여 모둠원들과 생각을 나누는 시간을 갖는다.
(나눔)

나의 의사결정(15분)

* **진행 방법**
* '**나의 의사결정**'(학생활동 자료 5-4)을 배부한다.
* 자기의 의사를 분명히 결정한 예를 작성하고 발표하게 한다

준비물 : '나의 의사결정'(학생활동 자료 5-4), 필기구
* **강의 내용** : 이번에는 내가 구체적으로 의사결정을 한 내용을 '나의 의사결정'(학생 활동자료 5-4)에 적어보세요.
* 완성된 것을 각 모둠에서 한 명 정도 발표해 보세요.
* 의사결정이 각 단계에 맞게 잘 되었으면 박수를 쳐 주세요.
 (박수)

※ **정리** (5분)
* **진행 방법**(활동 내용을 정리한다-차시 예고를 한다.)

 강의 내용 : 이번 시간에는 의사결정을 위한 방법 5단계를 연습해 보고, 자기의 의사를 분명히 결정해야 하는 상황에서 의사를 결정할 수 있는 능력을 기르는 시간이었습니다. 앞으로 여러분들은 분명한 의사결정을 해야 하는 상황이 오면 오늘 배운 활동을 참고하여 더 현명한 의사결정을 하기 바랍니다. 노력할 일도 알아보았습니다. 자기가 좋아하고, 자신이 노력할 수 있는 직업을 갖고자 노력하는 사람이 됩시다.

 * 다음 시간에는 '직업 세계 탐방'에 대해 알아보겠습니다. 그래서 오늘 '아버지와 인터뷰'라는 활동지를 과제로 주겠습니다. 아버지와 인터뷰가 어려운 학생은 가까이 계시는 친척이나 이웃 어른 중에서 하고 주어진 과제를 잘 수행하여 다음 활동에 적극 참여하세요.

6. 리더는 목표의 실현할 자
personal & public Leadership

단원 6) "리더는 목표의 실현 자입니다."

할 수 있는 한 최선을 다하라
당신이 할 수 있는 모든 수단과
당신이 할 수 있는 모든 방법으로
당신이 할 수 있는 모든 장소에서
당신이 할 수 있는 모든 시간에
당신이 할 수 있는 모든 사람에게

신이 할 수 있는 모든 수단과 일을 꾸준히 하라

1. 가치관의 확립과 목표

지금까지 우리는 자신에게 무한한 잠재 능력이 있음을 인정하게 되었고, 따라서 자신을 소중히 하는 법을 배웠습니다. 자신이 정해 놓은 한계를 뛰어넘는 과정에서 자신에게 긍정적 자기 영상을 만들어 가는 법을 배웠습니다. 우리는 지금까지 길들어진 자기 모습을 바꿀 수 있고 스스로 자신에게 동기부여 하는 법을 배웠습니다. 퍼스널 리더십을 개발한다는 것은 성공 태도와 성공의 습관을 형성하는 과정이라는 것도 학습했습니다. 이제 이러한 퍼스널 리더십을 향상시키기 위해 자신을 스스로 움직이게 하고 자신을 성공으로 이끌며, 자아실현을 위한 목표지향적인 행동을 하기 위해서는 당신 스스로 정한 목표의 설정이 얼마나 중요한지 그리고 그 목표설정을 어떻게 하는 것이 효과적인지를 생각해 보도록 하겠습니다.

세계적으로 성공한 사람들은 세 가지 성공습관을 가지고 있다고 했습니다. 그것은 언제나 긍정적인 사고를 한다는 것과 자발적 동기부여에 의하여 행동한다는 것 그리고 언제나 목표지향적인 행동을 한다는 것입니다. 이러한 사고와 행동은 습관에 의해 형성됩니다. 인간은 습관에 따라 행동합니다. 습관이라는 것은 행동의 습관도 있지만 사고의 습관도 있습니다.

앞에서 우리는 자신의 본능이나 욕구에 따라 행동한다는 사실을 인지하였을 것입니다. 그러나 길들어진 습관에 의하여 행동한다는 사실을 인식하는 것 또한 매우 중요합니다. 우리는 모두 길들어진 사고방식의 수해자 또는 피해자라는 것을 인식한다면 피해자가 되지 않기 위해 새로운 습관을 기를 필요가 있습니다. 따라서 지금까지 본인의 생각과 태도를 내가 원하는 모습으로 바꿀 수가 있다는 것도 학습했습니다.

　학습이란 길들이기입니다. 곧 바람직한 생각과 행동은 길들일 수 있다는 것입니다. 나쁜 습관을 좋은 습관으로 바꿀 수 있다는 뜻입니다. 습관을 형성할 방법을 이해하고 이를 되짚혀 실행하다 보면 새로운 습관을 형성하게 되는 것입니다. 보편적으로 인간 행동의 95%는 습관에 의한 것입니다. 이러한 인간의 행동을 결정하는 마음가짐과 태도를 이해하기 위해서는 또한 목표설정에 가장 큰 영향을 미치는 가치관에 대한 이해가 선행되어야 할 것입니다.

가치관은 무엇입니까?

　가치관의 한 예를 들어 보면 "공부를 안 해도 출세할 수 있는데 왜 공부를 꼭 해야 하는가?"하는 생각과 "공부를 하는 것은 자아실현의 수단이며 변화에 대응하기 위한 적극적인 방법이다. 따라서 공부를 열심히 해야겠다."라는 두 가지 생각에 대하여 내가 선택하는 마음가짐과 태도를 결정하는 것이 곧 그 사람의 가치관입니다.

　가치관이란 "저런 행동보다는 이런 실천이 낫다든가, 또는 저런 모습보다는 이런 태도가 더 바람직하다."라는 등의 나의 마음속에서 가치를 높게 생각하는 나 자신의 평가 기준이라고 말할 수 있습니다. 또한 정직, 순결, 자유, 즐거움, 충성, 존엄성, 복종, 효도 등의 수많은 항목에 부여하는 가치의 정도가 사람마다 각기 다른 가운데 내가 믿고 행동하는 확신의 순서대로 나열한 걸 가치체계라고 하는 것입니다. 이러한 가치관은 나에게 동기부여의 힘이 되고 행동의 바널리더의 바로 미터가 되는 것입니다. 내가 옳다고 생각하고 행동하는 것은 퍼스널 리더십의 증거로 내가 옳다고 생각하고 행동하는 그 가치관이 다른 사람들로부터 인정받고 공감을 얻어내는 객관성을 인정받았다면 나의 가치관은 올바르게 확립된 것이라 할 수 있습니다.

그렇다면 이러한 가치관은 어떻게 형성되는가?

가치관의 주요 부분은 선천적이고 나머지는 가정과 친구 등의 환경적 요인과 사회나 국가의 문화적 영향에 의해 형성되는데 관치관 형성에서 중요시해야 할 사항은 목적 가치관(Terminal values)과 수단 가치관(Instrumental values)입니다. 우리가 일생 동안 달성해야 할 최종의 목표 즉 행복, 자유, 건강, 가정의 평화, 성공, 출세 등을 목적 가치라고 합니다. 반면에 이런 일들을 달성하기 위해서 '정직해야 한다.', '야망(野望)을 키워라.', '남에게 의존하지 말아라.' 등 나의 행동양식을 결정하는 것을 수단 가치라고 합니다. 만약 우리 중 누군가 목적을 위해 수단과 방법을 가리지 말아야 한다고 생각하는 사람에게 주는 교훈은 수단 가치가 나쁜 사람이 국회의원이나 장관이 되려다 청문회에서 그 명예를 송두리째 잃어버리는 사례를 통해 교훈을 받을 수 있습니다.

자신의 가치체계는 내가 선호하는 가치의 우선순위에 따라 행동하게 될 것이고 그 우선순위를 결정하는 것도 나 자신입니다. 나 자신의 올바른 가치체계를 확립하고 그에 따라 행동하는 것이야말로 퍼스널리더십 개발의 필수사항입니다. 가치 있는 목표란 그것을 달성했을 때 나에게도 가치가 있고 남에게도 가치가 있다는 것을 뜻합니다. 이제 나의 가치체계가 확립되었다면 나 자신의 가치 있는 목표를 설정하게 되고 그에 따라 행동함으로써 성공하는 리더로 활동하게 되는 것입니다.

2. 목표가 뚜렷하고 확고한 인생

지금까지 나는 어떤 목표를 가지고 살아왔습니까?

나는 어떤 인생을 설계해 왔고, 그 설계도에 따라 어떻게 행동해 왔습니까? 그리고 그 목표는 구체적이지가 않고 단지 공상에 지나지 않았다면 이제부터 내가 꿈꿔오던 꿈을 하나하나 목표로 전환하여 실현이 가능한 목표로 정하고 그것을 달성할 프로그램을 갖는 것입니다.

목표란 무엇입니까?

목표란 내가 성취하고자 하는 것입니다. 내가 도달하고자 하는 지점입니다. 내가 나가야 할 과정과 달려갈 궤도입니다. 나의 운명을 개척하고자 하는 열망과 자아실현의 표현입니다. 나의 목적을 이루기 위한 수단이며 욕구를 충족 시켜주는 대상입니다. 나의 시각화할 수 있는 영상인 것입니다. 우리는 이 프로그램을 시작하면서 나의 꿈 목록을 작성했습니다. 그 꿈을 구체화하여 성취해 가다 보면 어느 날 나는 다른 사람들의 찬사를 받는 성공한 사람으로 우뚝 나서 있는 나를 발견하게 될 것입니다.

목표를 가지고 있다는 것은 나에게 희망과 꿈이 있는 아름다운 삶을 살아가고 있다는 증거이기도 합니다. 많은 꿈을 가지고 있는데도 그 꿈을 실현에 옮기지 못한 것은 무엇 때문일까요? 그것은 그 꿈을 실현 시켜나갈 계획서가 없기 때문입니다. 우리는 매일 많은 생각을 하면서 살아갑니다. 그 생각들 속에는 '나는 지금 무엇을 하고 싶은가?', '나는 무엇을 갖고 싶은가?', '나는 장래 무엇이 되고 싶은가?' 하는 생각들이 주를 이루고 있을 것입니다.

이제부터 나의 생각들을 하나하나 글로 적어서 진정으로 내가 원하는 것을 이루어가는 작업을 하게 됩니다. 퍼스널 리더십이란 나 자신만의 고유한 생각과 나의 꿈들을 나의 목표로 설정하여 점진적으로 이루어가는 과정이라 하겠습니다. 많은 사람들이 꿈은 많은데도 진정으로 자신의 가치 있는 목표를 가진 사람이 그리 많지 않습니다. 목표란 결국 나 자신이 어떤 목적을 이루려고 하거나, 어떤 지점까지 도달하려고 하는 것입니다. 목표란 나 자신의 행동을 위한 장엄한 전주곡이며 내가 달려가고 있는 궤도인 것입니다.

또한 내가 이루려고 하는 자아실현의 표현이며, 매일 매일 나를 향상(向上)시키며 나의 운명을 개척해 가는 열망이 곧 퍼스널리더십 개발인 것입니다. 퍼스널리더십 개발은 자신이 어디에 있고, 현재 어디로 가고 있는지를 아는 것이며 정확한 자신의 방향을 설정하고 이를 실현하여 나가기 위해 점진적으로 노력하는 과정이라고 말할 수 있습니다. 내가 나아갈 방향이란 곧 내가 성취하고 도달하고 쟁취하고자 하는 나 자신의 목표입니다.

목표를 가지는 것만으로는 목표를 성취할 수 없습니다.
목표를 성취하기 위해서는 계획서가 절대적으로 필요합니다. 집을 짓기 위해 건축설계도가 필요한 것처럼 모든 목표 달성에는 계획서에 의해 점진적이고도 과학적인 진행 상태를 실행하고 점검하는 계획서가 필요한 것입니다. 나는 나의 목표를 성취하기 위한 나 자신의 인생 시나리오를 작성하고 나 자신을 주연으로 한 연출과 연기가 필요한 것입니다. 믿을만한 조사에 의하면 계획서의 작성이 얼마나 중요한지를 시사해 줍니다. 조사에 응한 3%는 명확하게 글로 쓴 계획서를 지니고 있었습니다. 10%는 자신들의 목적이나 목표를 마음속에 가지고 있었으며, 60%는 목표를 생각은 해보았으나 경제적 분야만을 생각해 보았다고 응답했습니다. 그리고 나머지 27%는 목표나 장래에 대하여 거의 심각하게 고려해 보지 않은 사람들이었습니다.

이 조사에서 3%는 10%의 열 배 이상의 성공을 거둔 사람들이었으며, 10%는 비교적 부유한 사람들이었고, 60%는 보통 정도의 생활을 영위하고 있었으며 나머지 27%는 구호 대상자로 다른 사람의 도움을 받아 겨우 연명하는 사람들이라는 보고가 그것입니다. 그렇다면 우리는 목표를 어떻게 설정하고 그 계획서를 효과적으로 작성하여 어떻게 효과적으로 실행해 나갈 것인가가 매우 중요하다고 하겠습니다. 그러기 위해서는 우선 나는, 나 자신의 욕구를 알아야 하며 이를 위해 자신을 엄격하게 분석할 필요가 있는 것입니다.

이 프로그램에서는 이러한 분석을 토대로 하여 가치 있는 자신의 목표를 선택하고, 이를 실행해 나가는 방법을 제시하게 됩니다. 훌륭한 챔피언이 탄생하기까지는 선수 자신의 열정과 꾸준한 연습도 중요하지만 훌륭한 코치나 감독의 역할이 매우 중요합니다. 이 프로그램은 나에게 훌륭한 코치나 감독역할을 수행할 수 있도록 이끌어 줍니다. 따라서 이 프로그램은 나 개인의 리더십 개발을 위한 지침서이자 나의 성공을 위한 이정표의 역할을 충분히 수행하게 할 것입니다. 명검은 그 검을 쓰는 사람의 마음과 인격의 정도에 따라 검의 진가를 발휘하게 됩니다. 이제 나는 명검을 갖게 되었습니다. 이 검을 잘 갈고, 잘 닦고, 잘 쓰게 되면 나의 리더십은 보다 더 높은 단계로 향상되어 나갈 것입니다.

3. 목표의 유형

아침에 눈을 뜨고, '오늘 나는 무엇을 위해 무엇을 할 것인가?' 하고 생각한다는 것은 내가 살아있다는 증거입니다. 살아있는 자에게는 일이 있습니다. 그 일이 무엇인가를 알고 행하는 것은 존재의 의미를 찾는 것과도 같은 것입니다. 내가 하고 싶고, 갖고 싶고, 되고 싶은 것들은 오늘도 여전히 여러 가지 모습으로 내 생각을 가득 채울 것입니다. 또한 먼저 해야 할 것, 나중에 해야 할 것, 중요한 것, 긴급한 것, 하찮은 것 등 여러 가지 모습들로 나에게 다가옵니다.

이러한 여러 가지 목표들은 나의 선택에 따라서 행동으로 옮겨지는 것입니다. 이러한 목표들은 눈에 보이는 것도 있고, 눈에 보이지 않는 것도 있습니다. 이때 우리는 눈에 보이는 것, 잡을 수 있는 것은 유형의 목표라고 하고, 나의 태도나 생각 가치관 등 추상적인 것들은 무형의 목표라고 합니다. 이러한 여러 가지 목표를 그 달성 기간에 따라 분류하여 나의 목표설정에 우선순으로 정리되어야 할 사항 들이며 이는 나의 선택 능력에 따라 이를 효과적으로 달성하기 위하여 알아야 할 사항들입니다.

우선 단기 목표는 나의 능력과 신념을 강하게 하여 주는 중요한 요소로 예를 들어 오늘 내가 해야 할 숙제가 있다고 할 때 그 일을 잘 마쳤고, 내가 짠 계획표대로 공부를 해냈다면 나는 만족스러운 하루를 보냈다고 스스로 칭찬하게 될 것입니다. 즉 자존감이 높아지는 것입니다. 단기 목표는 1일, 1주일, 1개월, 1년, 등 비교적 짧은 기간 내에 내가 설정한 목표를 말합니다. 그 기간이 하루 또는 한 달 1년이나 최대 3년을 넘지 않은 것을 뜻합니다.

다음은 중기 목표로 나의 장기 목표를 실현해 가기 위한 징검다리입니다. 징검다리는 나의 디딤돌 역할을 충분히 해 줄 것입니다. 우린 디딤돌이 없어 내가 가는 길의 장애물을 넘을 수 없는 경우가 많습니다. 과정이 없는 결과는 없습니다. 중기 목표는 자신의 자아실현 최종 목표를 달성하고자 하는 데 매우 중요한 목표인 것입니다.

끝으로 장기 목표는 내가 10년, 20년 나의 미래에 기필코 도달하려는 나의 이상과 비전 등이며 이를 위해 단기 목표를 하나하나 충실히 진행하여 나갈 때 나의 장기 목표는 실현이 가능한 일로 인생은 결코 속도가 아닙니다. 방향입니다. 올바른 방향을 선택해서 나 자신이 올바로 가고 있다면 이미 나는 성공을 향해 가고 있는 것이며 희망의 레일 위를 달리고 있는 멋진 기관사인 것입니다.

4. 목표설정의 원칙

내가 선택한 목표를 행동에 옮기겠다고 결정하는 것을 목표설정이라고 합니다. 목표설정이란? 내가 도달하고자 하는 지점과 출발점과의 관계를 정립한 것이라 할 수 있습니다. 목표설정을 공상이

나 환상(幻想)과 같이 혼돈(混沌)해선 안됩니다. 공상이나 환상은 현실도피의 한 가지 모습이며 공상이나 환상은 아무 행동도 나오지 않습니다. 진정한 목표설정은 긍정적이고 확실한 행동을 수반하는 것입니다.

축구 경기에서 골(목표)을 넣고 싶은 욕구는 어느 팀이나 마찬가지입니다. 그러나 90분 동안 경기를 열심히 했는데도 그 결과가 없다면 훈련은 되었을지라도 결코 승자는 될 수 없듯이, 승리하기 위해서는 그 목표에 도달하기 위한 기량의 개발이나, 전략 전술 등 승자가 되기 위한 여러 가지 목표설정에 관한 원칙들이 있는 것입니다. 목표설정은 다음과 같은 스마트(SMART) 법칙으로 설정할 수 있습니다.

첫째, 목표를 당신이 직접 세운 것으로 구체적(Specific)이고 확실하게 세워야 합니다.

목표를 세울 때는 자신의 고유한 목표로 구체적이고 확실하게 세우지 않으면 단지 희망 사항으로 머물게 됩니다. 또한 타인이 세워준 목표는 자신의 자아실현(自我實現) 욕구를 충족시키지 못할 것입니다. 자신이 세운 목표는 스스로 도달하고 싶은 것이기 때문에 나에게는 자발적 동기부여의 원천이 됩니다.

예) 배우자와의 조화로운 관계를 유지하는 것이 당신의 희망이라면, 그것을 목표로 삼기 위해서는 그것을 위해 당신이 할 수 있는 것이 무엇인지를 구체적으로 설정할 수 있어야 합니다.

둘째, 측정이 가능한(Measurable) 목표여야 합니다.

즉, 언제까지, 얼마만큼, 어느 정도 수치로 가시화할 수 있도록 해야 한다는 뜻입니다. 예를 들어 내가 체중을 줄이고 싶다는 목표를 설정했을 때 좀 날씬하게, 약간, 보다 더 많이 등의 애매모호한 표현으로는 목표를 달성 하기 곤란합니다. 정확한 수치 5kg, 10kg 등 수치화할 수 있어야 한다는 것입니다. 목표 달성을 측정이 가능하게 만들지 않으면 목표를 시야 범위에서 잃을 수 있습니다.

예) 정기적으로 조깅하는 것이 당신의 목표라면 얼마나 자주, 얼마 동안, 일주일에 몇 번, 조깅할 것인지 정해놓고 목표가 측정이 가능해지도록 해야 합니다.

셋째, 행동 지향적(Attainable)인, 즉 나의 목표는 달성이 가능한 것이어야 합니다.

목표는 항상 긍정적인 변화를 위한 출발점을 내재하도록 만들어야 합니다. 무엇을 하지 않겠다는 식으로 목표를 설정하지 말라는 것입니다. 만약 욕망은 강하지만 전혀 달성할 수 없는 목표 즉, "지금 달에 가고 싶다는 목표"는 환상일 뿐이지 "영어 단어 10,000개를 3년 이내에 암기 하기."의 목표는 노력으로 분명히 달성할 수 있는 목표입니다.

예) 만약 건강한 영양을 섭취하는 것이 목표라고 정하고 "나는 매일 끼니마다 채소에 과일을 곁들인 풍성한 식탁을 차린다."라고 목표를 설정해야지 "나는 앞으로 생각 없이 마구 음식을 먹지 않을 것이다"라고 목표를 설정했다면 이건 옳지 못한 목표인 것입니다.

넷째, 현실적인(Realistic), 즉 목표는 현실적이고 성취가 가능한 것이어야 합니다.

목표가 현실적이라는 것은 그 목표가 보잘것없고, 평범하거나 흔해 빠진 것을 의미하는 것이 아니라 반드시 당신이 할 수 있고, 하고 싶은 목적을 나타내야만 하는 것입니다. 내가 지금까지 해왔던 노력보다 조금 더 노력해서 얻을 수 있는 목표를 설정해야 합니다. 그렇게 되면 나의 잠재 능력을 발휘해서 그 목표에 도달하게 됨으로써 자기 능력을 계속 향상하여 나가게 될 것입니다.

예) "나는 일주일에 네 번 뛸 것이고 연말에 있는 마라톤 대회는 꼭 참여할 것이다"라고 하는 목표는 비현실적입니다. 대신 "나는 매주 4번 마라톤 연습을 할 것이며, 그렇게 11개월 동안 운동을 해서 1년 후에는 12km를 거뜬하게 달릴수 있게 할 것이다."라고 목표를 세우는 것이 옳습니다.

다섯째, 기한(Time limit)을 정해놓은 목표는 반드시 달성 시한을 정해야 한다.

목표를 언제까지 달성하겠다는 시간을 정할 때 그 목표는 나에게 동기부여가 되고 성취의 희열도 맛보게 되는 것입니다. 달성 시한이 없는 목표는 꿈이나 환상과 같은 공상에 지나지 않는 것입니다. 달성 시간을 정하게 되면 나 자신의 내부에서는 새로운 화학 반응이 일어나 열정이나 욕구가 더욱 강해지면서 새로운 희망이 샘솟고, 그 목표의 달성 이후, 내 모습을 영상화함으로써 더욱 자신감이 생기게 될 것입니다.

 이와 같은 스마트 법칙 외에 더 중요한 건 목표에 반드시 자신의 성격과 변화를 포함하여야 한다는 것입니다. 우리는 과학자, 발명가, 의사, 변호사, 교수, 예술가 등, 내가 되고 싶은 사람이 되기 위해서는 내가 지닌 성격의 기질과 개성의 변화가 필요한 것입니다. 곧 무엇을 "갖기 위한 목표를 가진 사람"은 많아도 무엇이 "되고자 하는 목표를 갖는 사람"은 그리 많지 않다는 것입니다. 예를 들어, "일을 미루는 습관이 있는 사람"이 어떤 일을 이루어내기 위해서는 반드시 그 "미루는 습관부터 고쳐야"하는 것입니다. 또한 무엇을 획득하기 위한 "유형의 목표를 달성하기 전"에 반드시 "자신이 무엇이 되고자 하는지" 그러한 사람이 되기 위해서는 "자신에게 부족한 부분이 무엇인지" 자기 "성격의 특성을 개발하는 목표를 먼저 세워야"하는 것입니다. 따라서 지난 단원에서 학습한 습관화 목표를 철저히 이행하는 내적인 변화를 추구하는 자세가 무엇보다 중요합니다. 나 자신의 개성을 재발견하고 나 자신의 미래를 확실한 개발로 이끌 수 있다는 것을 깨닫는다면 나는 보다 풍요롭고 충만한 삶을 살 수 있는 것입니다.

 나의 목표가 뚜렷하고 그 목표가 진정으로 자신에게 가치 있고, 그 목표를 달성하면 다른 사람들에게도 가치 있는 영향을 줄 수 있는가에 따라서 나는 보다 높은 퍼스널 리더십을 가진 사람이라고 할 수 있을 것입니다. 나의 목표는 내 인생의 방향을 바르게 인도하며 자석처럼 나를 이끌고 가게 될 것입니다.

5. 목표는 분명히 글로 써놓아야 위력을 발휘합니다.

나 자신이 진정으로 하고 싶고, 갖고 싶고, 되고 싶은 목표는 반드시 글로 써 두어야 합니다. 글로 쓴다는 자체는 이미 기획이 되었다는 걸 의미합니다. 기획이란 내 생각을 글로 정리해서 하나의 설계도를 만드는 작업이라 할 것입니다. 모든 일에는 계획서가 있습니다. 계획이 없는 행동은 무모한 것일 수 있습니다. 단 한 번밖에 없는 소중한 우리의 인생을 계획도 없이 살아간다는 것은 자신에 대한 무책임한 행동이 아닐 수 없습니다. 글로 쓴 목표는 나의 궤도를 이탈하지 않도록 해주는 지침서입니다. 글로 써 둔다는 것은 내 생각을 구체화하여 동기부여를 하는 원천이 되며, 그 결과를 미리 상상해 볼 수 있도록 시각화하는 작업입니다.

글씨나 말씨에는 전부 씨가 있어 자라서 꼭 열매를 맺습니다. 만약 내가 "할 수 있다." 말하면, 할 수 있는 씨가 자라서 성취하게 되며, "훌륭한 사람이 되자!" 이 말을 글로 써둔 사람이 세계적으로 3%밖에 없다고 하는 것은 글로 쓰는 작업이 결코 쉬운 일은 아니라는 것을 말해줍니다. 글로 쓴다는 것이 단순한 것 같지만 그것은 곧 행동하겠다는 다짐이기 때문입니다.

6. 리더는 언제나 인격 형성을 위해 노력합니다.

진정한 리더는 말로 자신을 합리화하거나 변명하는 것이 아니라 행동으로 자신의 능력을 입증하는 사람들이라 하겠습니다. 나는 이제 훌륭한 지도자가 될 방법을 배워나가고 있습니다. 나의 인격은 내가 올바른 목표를 설정하고 가치 있는 삶을 살아갈 때 형성되는 것입니다. 우리는 인격 형성을 위해 꾸준히 노력해야 하는 것입니다.

우리의 목표가 아무리 가치 있고 훌륭하게 설정되었다 하더라도, 그것을 계속해서 유지하거나 발전시키는 것은 매우 어려운 것일 수도 있습니다. 어떤 음악가는 5살 때 교향곡을 작성했던 천재 음악가로 돈을 많이 벌었지만 30대에 돈을 물 쓰듯이 하다 나중에는 돈이 없어 치료를 받지 못하고 결국 죽고 말았다는 이야기도 있습니다. 또 경제만을 중요시하여 많은 돈을 벌었다고 하더라도 건강을 잃게 되어 한 푼 도 써 보지 못하고 생을 마감하는 사람도 있습니다.

우리는 사회적 통계로부터 의외일 수 없습니다. "나만은 건강하겠지"라는 안일한 생각 때문에 자신의 건강을 돌보지 않으면 어떻게 되겠습니까? 마찬가지로 인생의 각 영역을 균형 있게 발전시키는 것은 완전을 향해 나아가는 꾸준한 인성개발과 인격 수양을 위한 노력이라고 말할 수 있습니다. 그러므로 나의 목표는 서로 간의 조화와 균형을 유지해야 합니다. 목표들은 어느 정도 평형과 균형을 유지해야 하며 나의 목표는 각기 영역마다 뚜렷한 가치체계를 형성하고 있어야 합니다. 예를 들어 5km밖에 마라톤을 뛰어보지 못한 사람이 20km를 한 번에 완주하려는 것은 무모한 도전인 것입니다. 이때는 천천히 단계적으로 나의 인격을 완성해 가야 합니다.

나의 가치체계와 목표의 균형은 퍼스널리더십 개발의 지름길입니다. 내가 훌륭한 인격체로 형성되어 좋은 리더십을 개발할 수 있으려면 우선 나의 가치체계를 확립하는 것과 목표에 대해 균형을 이루는 것입니다. 리더십 개발의 최종 목표는 나를 훌륭한 인격에 의해 다른 사람들이 스스로 따르게 하는 높은 수준의 리더십을 개발하는 과정이라고 할 수 있는 것입니다. 덕이 세워지지 않아 인격의 수준이 낮은데도 다른 사람이 진정으로 따르는 예는 없습니다.

7. 목표 달성의 장애 요인을 발견합니다.

분명히 내가 바라는 것인데, 왜 나는 그것을 아직 얻지 못했는가? "상황과 조건이란 무엇인가?", "내가 아직도 목표를 달성하지 못하는 이유는 무엇인가?" 아직 내가 이러한 질문에 답해야만 한다면 나는 반드시 이 질문에 대한 답변으로 장애물을 제거하기 위한 답을 적어놓아야 합니다. 각각의 목표에 대한 장애물이 여러 개일 경우도 분명히 있을 것입니다. 그리고 나의 계획서에 추가적인 설명이 더 필요할 경우도 있을 것입니다. 각각의 목표는 여러 개의 장애물이 있고, 각 장애물에는 하나 이상의 해결책이 반드시 있을 것입니다. 이때 명심해야 할 것은 나의 목표 달성을 방해하는 장애물들을 모두 확인할 때까지는 목표를 달성하기가 어렵다는 것입니다.

나는 나의 그림자와 싸울 수는 없는 것입니다. 가능한 한 장애물의 목록을 빠짐없이 적어놓도록 하십시오. 자신이 생각한 것이 장애물이 아니었다는 것을 나중에 발견하게 되면 그대 그것을 장애물 목록에 빼버리도록 하십시오. 그러나 진정으로 위험한 장애물은, 여타 세세한 장애물을 발견하지 못하는 것입니다.

8. 나의 인생 사명을 작성합니다.

　사명 선언서를 작성하는 것이 왜 중요한가? 는 인간의 삶의 목적, 즉 "왜 사느냐?", "무엇을 위해 사느냐?"하는 생의 근본적인 물음에 대한 해답을 가지고 있어야 하기 때문입니다. 물론 이 문제에 대해서는 이미 우리가 꿈과 소망을 통하여 찾아보았습니다. 우리는 정말 내가 하고 싶고, 되고 싶고, 갖고 싶은 일을 하기 위해 살아갑니다. 그랬을 때 우리는 진정으로 성공했다는 삶의 보람과 행복을 느끼게 됩니다. 하지만 가치체계의 확립에는 목적과 비전, 또는 목표설정 사이에서 아직 남아 있는 일은 다름 아닌 사명을 선언하는 것입니다.

　사명 선언서는 내가 살아가는 목적과 방향을 확고하면서도 간략하게 요약한 맹세입니다. 사명 선언서는 목표 달성에 더욱 강력한 힘을 부여하기 위한 것입니다. 사명 선언서는 보통 한두 줄, 또는 두세 줄의 문장으로 쓰고 내 행동의 전반적인 방향과 초점이 일관성을 유지하며 목표에 초점을 맞추게 해 줍니다. 기억하기 쉽게 간략하게 정리된 사명 선언서는 항상 내 삶의 목적과 부합하는 목표를 지향하도록 해 줍니다.

　"나는 누구인가?"하는 물음에 대해 나 자신이 정의해 두는 것은 내가 실제로 어떤 사람이 되게 하는 지대한 영향을 끼치게 됩니다. 나 자신이 어떤 사람이며 어떤 사람이 될 것인지를 정의해 두면, 내가 정의해 둔 내용을 꼭 이루어 보고자 하는 습성이 우리에게 있기 때문입니다.

내가 글로 써서 스스로 약속한 바에 따라 나는 행동하게 됩니다. 따라서 나의 "사명 선언서"를 작성할 때는 내 인생의 이미지와 목적과 가치관을 담은 내용이 되어야 합니다. 나는 어디로 갈 것이며, 나의 목표와 목적이 무엇인가를 아는 것이야말로 퍼스널리더십의 핵심이라고 할 수 있습니다.

Brain up coner

 이 단원에서 내가 학습한 내용 중에서 제일 공감이 되고 자신과 일과 활용할 만한 문장이나 내용을 적어 봅니다.

※ **이 단원에서 나의 Best Idea는 다음과 같습니다.**

* 그 이유는?

* 활용 분야는

* 나의 사명 선언서 작성하기

 나는 "   " 될 것입니다.

제2부 "부모님과 인터뷰 후 직업군 발표하기"

(1) 도입(5분)
※ **진행 방법**
* 과제를 확인한다.
* 활동 목표를 제시한다.

※ **강의 내용** : 이번 시간에는 여러분들의 부모님이나 주변 친척 중에서 인터뷰를 통해 조사한 직업을 소개하는 시간을 가져보도록 하겠습니다. 각자 내어준 과제는 준비가 되었으리라 봅니다. 과제를 수행한 사람은 손을 들어 볼까요? 많은 사람이 과제를 잘 수행한 것 같긴 한데 잠시 후 발표 시간에 자세하게 발표해 주기 바랍니다.

*우리 사회에 있는 직업 중에 나의 부모님, 그리고 주변에 계시는 분이나 친척들은 어떤 직업에 종사하면서 우리 사회에 어떤 이로움을 주는지 조사한 과제를 확인하면서 생각해 보세요.

(2) 전개(30분)
직업 카드를 이용한 스피드게임 (10분)
※ **진행 방법**
* 모둠장을 선정하게 한다.
* 직업 카드를 이용하여 스피드게임을 하게 한다.
* 잘한 모둠에게는 상품을 준다.
☞ **준비물** : 직업 카드

* **강의 내용** : 먼저 직업 카드로 스피드 게임을 한번 해볼까요? 6명씩 모둠을 만들고 모둠장을 선정해 주세요. 모둠장이 설명하면 모둠원들은 빠른 스피드로 많은 직업의 개수를 맞추는 게임입니

다. 시간은 1분을 주겠습니다. 1분 동안에 어느 모둠이 몇 개나 답하는지 알아볼까요? 많이 맞춘 모둠은 상품을 드리도록 합니다.

◯ **아버지와 인터뷰**(20분)
* **진행 방법**
* **과제물** '아버지와 인터뷰'(학생 활동자료6-1) 준비하도록 한다.
* 각 모둠에서 조사한 내용을 한 명만 발표한다.
준비물 : '아버지와 인터뷰 시 녹음기, 녹음테이프'
☞ **강의 내용** : 한 모둠에 1명씩 '아버지와 인터뷰'(학생활동자료6-1) 내용을 발표해 보겠습니다. 모두 과제로 주었던 활동지를 준비하세요. 녹음을 해온 학생은 녹음기를 이용해서 직접 들려주고 발표하면 더욱 좋겠습니다. (3 모둠 정도)
  * 부모님이 보람을 느낀다고 한 점이나 어려워한 점을 발표하도록 합니다. 다른 모둠원들은 잘 들어주세요. 직업에 대해 좀더 알고 싶은 점, 궁금한 점등도 발표해 보세요. 그리고 마지막 항목인 '부모님께 감사의 한마디'까지 잘 새겨듣고 우리 사회에 어떤 이로움을 주는지 생각해 봅시다.
  ※ 발표한 ○○에게 큰 박수를 쳐 주세요. (박수)

※ **(3) 정리** (10분)
☞ **진행 방법**
* '일하시는 모습'(학생 활동자료 6-2) 배부하여 그리게 한다.
* 만화를 보고 느낀 점을 서로 나누게 한다.
* 완성된 만화는 모둠별로 2절 종이에 붙이게 한다.
* 활동내용을 정리한다.
* 차시 예고를 한다.

☞ **준비물** : '일하시는 모습'(학생 활동자료6-2), 필기구, 2절 종이

☞ **강의 내용** : 여러분은 지금까지 친구들이 발표한 내용을 잘 들었을 줄 압니다. 내가 인터뷰한 나의 아버지나 친척, 주변 사람의 일하는 모습 중에 내가 그리고 싶은 사람의 모습을 네 장면 정도 만화로 그리는 시간을 주겠습니다.

연필을 사용하여 예쁘게 그려주세요. 그리고 서로 느낀 점을 쓰고 모둠원끼리 이야기해 보세요.

* 여러분들이 그린 만화는 각각 모둠대로 전지에 붙여 게시판에 붙이도록 합니다.

* 이번 활동을 통해서 일의 소중함을 생각하는 시간이 되었을 줄 압니다. 우리 부모님이나 우리 주변 사람들이 각자 자기가 맡은 일에 보람을 느끼고 최선을 다해 일하시기에 우리 사회가 오늘날 이렇게 발전할 수 있지 않았을까 생각합니다. 여러분도 앞으로 여러분들이 가지게 될 장래의 직업을 잘 선택하여 그 직업에 최선을 다하는 모습을 기대하겠습니다.

6

우리 민족의
종교적 맥락(脈絡)과
명상의 관점 이동

이 장은 명상과 관점 이동에 대해 알아보고 요즘 물질로 타락한 종교에 대한 경각심을 살펴보는 장으로 왜 나는 독립적으로 자기 자신을 성전 삼고 하나님 신이 자기 자신인 내 안에 성령으로 계시는지 개성화의 단계에 이른 자기가 되어 독립적으로 살아야 하는지 생각해 보도록 합니다.

1. 대한민국 민족성의 종교적 맥락

　대한민국의 민족성에는 유교(儒敎), 불교(佛敎), 선(禪) 사상, 도교(道敎), 천도교(天道敎), 기독교(基督敎)의 맥을 따라 현재 어디까지 흘러왔고 세상은 그로 인해 어떻게 현재 세태(世態)로 종교(宗敎)가 변질되어 발전해 오면서 지금은 종교와 문화전쟁 가운데 살거나 죽을 수 있음을 분별하고 스스로 종교 생활이 아니라 신앙생활을 하며 살아야 하는데 여러분들은 오늘 어떤 종교를 선택하여 신앙생활을 하실 터인지 다음의 우리 민족이 걸어왔던 종교에 대해 차례로 살펴보도록 하겠습니다.

　1) 유교(儒敎)는 공자를 시조로 하고 인의(仁義)를 근본으로 하는 정치와 도덕의 실천을 주장하는 유학의 가르침 사서오경(四書五經)을 경전으로 합니다. 선비 유를 써서 덕을 중요하게 생각하는 선비 사상이라고도 하는데 유교는 우리 민족성에 깊이 밴 정서적 감정이 도사리고 있습니다.

　2) 불교(佛敎)는 기원전 5세기 초에 인도의 석가모니가 창시한 종교로 고통과 번뇌에서 벗어나 부처가 되는 걸 이상으로 자비를 궁극적인 목표로 삼은 불법이다. 우리나라 사적인 보물은 거의 이 불교의 전통에 의해 보물로 지정이 된 현실입니다.

　3) 선(禪) 사상 또한 불교를 봉선(封禪)으로 고대 중국에서 흙을 쌓아 단을 만들어 하늘과 산천에 제사를 지냈는데 선 사상은 방생과 혜원 의식, 윤회사상 등이 인도 고대의 명상법인 디야나(dhya-na)를 불교에서 수용한 것으로 이를 중국에서는 선나(禪

那) 또는 선정(禪定)으로 번역하여 주요 수행법으로 발전시켰습니다. 심층정신분석학(深層情神分析學)자 융 사상과도 연결된 선(禪)은 마음을 가다듬고 정신을 통일하여 깨달음의 경지에 도달하게 하는 불교 수행법으로 마음이 흐트러지거나 혼란해짐을 막고 지혜를 몸에 배게 해서 진실의 이치로 나아가도록 하는 수행법인데 중국대륙(中國大陸)에서 5세기에 발전하기 시작한 대승불교의 한 조류로, 이 계통의 불교를 선불교(禪佛敎)라고 합니다.

선의 조류는 중국대륙에서 한 종파로 성립되어 한국과 일본 등지로 전파되었고 서양에서는 선(禪)의 뜻을 명상(meditation)으로 번역하고, 일본식 발음을 따라 젠(zen)으로 사용하고 있는데 선(禪)이라는 낱말은 산스크리트어의 디야나(ध्यान)를 중국대륙에서 음역한 선나(禪那)의 준말입니다.

 4) 도교(道敎)는 황제(黃帝)인 노자를 교조로 하는 중국의 다신적 종교, 자연과 신선 사상, 음양오행설(陰陽五行說) 등을 중심사상으로 도학(道學)인 도덕에 관한 학문으로 성리학 또는 주자학 도교라고 불린다. 이는 황제가 중국 전설상의 제왕〈복희씨 신농씨와 더불어 삼황(三皇)인 세 임금, 곧 천황씨 지황씨 인황씨 또는 수인씨 복희씨 신농씨를 교조로 하는 사상입니다.

 5) 천도교(天道敎)는 수운 최제우를 교조로 하는 종교로 인내천(人乃天), 천인합일(天人合一)의 지경에 그 이름을 그 종자로 이는 동학 혁명과도 밀접하게 관련되어 있고 임시정부를 수립한 김구 선생과도 깊이 연관 되어 있습니다. 동학은 1894년 1월 10일 전라도 고부(고창)에서 동학 접주 전봉준이 고부군수 조병갑의 수탈

과 학정에 항거하며 봉기한 사건을 계기로 일어났는데 동학은 천도교의 시초로, 동학 농민 운동의 실패 이후 동학의 세력이 잠시 주춤하자, 손병희가 천도교로 개칭하여 민족 종교로 발전시켜 지금에 이르렀습니다.

6) 기독교(基督敎)는 터 기(基), 살펴볼 독(督), 가르칠 교(敎)로 쬐를 바로 잡아 가르친다는 왕의 문서가 바로 칙서인 성경의 말씀인데 예수그리스도의 인격과 교훈을 중심으로 하는 종교로 구교인 그리스 정교회와 신교인 개신교를 통틀어 일컬으며 우리나라에서는 특히 구교를 성당 개신교를 교회로 둘 다 기독교라고 합니다.

2. 종교의 타락상과 민족 종교인 천도교로 명상의 관점 이동

지도 : 이남은 박사

마루 종(宗)은 일의 근원으로 종묘사직(宗廟社稷)의 인내천(人乃天), 천인합일(天人合一)의 지경에 그 이름을 그 종자로 한 천도 생활의 "관점 이동에 따른 명상"의 종(宗)은 천도교로 수운 최제우를 교조로 하는 종교로 인내천 (道敎)의 관점 이동과 관련된 주요 내용으로 여기서는 자기 책임, 존재의 의미, 마음과 인식에 의한 질문 형식과 시각적 구조를 통한 주제 전달의 내용은 '덕분 수쿨' 의 관점으로 살펴볼까 합니다.

1) 감사 충만의 삶 2) 모든 일은 전부 내 책임(나 아닌 것 또한 나이다.)

* - 나는 Who인가? 어디서 와서 어디로 가는가? 이 말은 너무 어려운 철학적 질문입니다.

"Who=누가"는 일반적으로 예측으로 사용되는 단어로 주체의 의미를 전달하고 반면에 "WHO"는 세계보건기구(WHO)를 유일하게 고유한 이름으로, 특정 기관을 나타낼 때 이 발음을 통해 두 표현을 구분하지 않고 이야기를 하면 오해가 발생할 수 있습니다. 곧 AI 인공지능 로봇의 의사는 누가의 이름이 사도이며 그의 직업이 의사라고 답을 주지 못할 수 있습니다. 그래서 AI 로봇에게 뭘 물을 때는 구체적으로 학습시켜야 올바른 답을 얻을 수 있습니다.

* 반면 'How' 호우는 존재하고 살아가는 걸 묻는 쉽고 구체석인 질문입니다. 'How'는 어떻게 살 것인가를 묻는 영어에서 다양한 의미와 용도로 사용되는 추론사(追論詞)다. 주요 의미는 '어떻게'로 어떤 일을 해야 하는지 질문에 사용될 때 예를 들어, "이것을 어떻게 합니까?"는 "이것이 어떻게 되는가?"라는 구체적인 질문의 의미다.

* – 이는 공기/물/음식/햇빛/주변 인연 등 〈나 아닌 것〉 덕분에 살았고(과거) 산다(현재). 덕분에 잘될 것이다. (청미래)
* – 〈나 아닌 것〉에 대한 고마움에 보답하는 덕분은 상생의 삶이다.

3) 영= 혼(魂))+육(肉)의 본래 자리가 본질이다.

* – "Nature calls Me-네이처 콜스 미, 곧 (영-)육, 혼이 끼어들면 지속적 시행착오 낭패)
* – "Sati(사티-깨어있음)." Awareness(어웨네스-알아차림) 명상 훈련으로 생각을 내려놓기, 내려놓으면 텅 비어 있고 아무런 문제가 없는 상태를 확인할 수 있는데 전체는 우주이고 우주는 죽

자아인 나다. 이때 육은 영감(직감)을 받아 행동하기, (2분 내 즉시 실천)

* – 덕분에 산다. 고마움과 보답 행동을 습관화, 모두 다 함께 잘사는 세상을 만든다.

다음 '느낌'이라는 주제 아래 다양한 한자와 의미는 영은 미소(微笑)존재, 혼은 묵언(默言)영혼, 육체와 관련된 개념들을 시각적으로 배열하여 표현하였습니다.

* 느낌(NLP) 영감(靈感)

영(靈)은 미소(微笑), 존재(存在)–(느낌)

혼(魂)은 묵언(默言) 무심(無心)길(道)의 진리는 무심으로 통한다.

육(肉)은 정진(精進) 항문(肛門)인 지관(止觀)은 멈추고 바라본다.

♠ 명상 호흡

1) **성취(成就)** : 인연이 있는 모(母)든 분들은 이내 말 좀 듣소. **바른 자세** 되었다면 **소원 성취** 절로 되네.

2) **삶(生活)** : 살펴보니 숨 쉬는 건 분명하니 공기 덕분인 줄 깨달으면 **바른 관점 감사가 충만**한 삶이네.

3) **죽음(死亡)** : 내쉬는 숨 끝이 나면 죽었다고 울음 우네. **밤새 안녕** 누가 알아 **바른생활** 즉시 **하소연**.

4) **보답(報答)** : 먼저 줘서 얻은 수확 비웠더니 채워 주시네. **먼저 나눔** 분 **바른 노력**을 항상 하고 사네

5) **명상(瞑想)** : 이미지나 지금은 없고 아직 안 와 여기 없네. **지금 여기** 계시는 분 **바른 실천(實踐)** 하고 있네.

6) **호흡(呼吸)** : 긴장 이완 자율신경 마음대로 가능할 테니 들숨 날숨 **호흡조절 바른 안정** 즉시 얻네.

7) **축기(縮氣)** : 오므리고 폈다. 자기 기운 활용하여 폭발적인 힘

을 쓰네. **바른 충전** 비밀 열쇠 지속적인 **능력 확장**일세.

 8) **빛 기(氣) 빗기(基)** : 내려놓는 순간마다 사라지는 나라는 형상 그런데도 듣고 보니 **자기 광명 바른 확인** 필요함.

 9) **자유(自由)** : 사성제(四聖諦)의 수승(守僧)-정조 직책 지켜 마음이 편하다. 화강(和糠)-살은 서로 응하여 합하고, 주천(周天)-마음씨는 두루 합하여 나누고, 운행(運行)-천체의 궤도를 운행하여 돌아 나가고 돌아 들어오는 일곱별의 국자는 밝은 광명 **바른 자유** 얻었으니, **금강불괴**(壤)는 내 것인 고로 쇠(金)금, 굳셀 강(剛), 아닐 불(不) 무너질 괴(壞), 곧 삶과 죽음이라는 요소들의 원형 형태, 생명체의 기본 요소와 연관된 수치.

 10) 서양의 5원소와 동양의 음양오행 존재(철학)와 기술(과학)

 서양에서 우주를 생성한 것으로 알려진 5원소는 불, 물, 바람, 흙 그리고 알려지지 않은 미지의 원소다. 서양의 우주론은 그리스인들과 함께 시작되었다. 기원전 1500년에서 2000년 전에 그리스인들은 이미 우주에 대해서 체계적인 관측을 시작했다. 그 결과 아리스토텔레스의 우주관이 등장했다. 그의 우주관은 부분적 수정을 거쳐 중세에서 르네상스 시대까지, 우주를 설명하는 지배적인 이론인데 지상의 모든 물질은 물과 불과 공기와 흙의 4가지 원소가 물체를 만들고 각기 물체들은 그것이 가지고 있는 서로 다른 무게에 따라 위로 올라가거나 아래로 떨어지는 것이 자연의 이치라 여겼다.

 이에 반해 하늘은 전혀 지상에는 없는 특이한 물질로 구성되었다고 생각하였다. 마지막 천상의 물질이 바로 제5원소(quintessence), 또는 에테르(aether)라고 불렀는데, 제5원소는 무게도 없고 색깔도 없고 냄새도 없다. 말하자면 "완전한 물질"과 같은 원형의 형상, 아리스토텔레스의 우주론은 불완전한 물질들로 구성된 지상의 물체들은 그 상대적 무게에 따라 위나 아래로 움직이는 모든 삶의 운동성이 가장 아름 다 없는 자연미 가장 자연스러운 운동인 것이다.

곧 둘레보다 무거운 물체라면 아래로 움직여 내려갈 것이고, 둘레보다 가볍다면 위로 올라간다. 이것이 곧 관성의 법칙이다. 아리스토텔레스의 우주 운동의 개념은 하늘에서는 지구 둘레를 도는 영원한 원운동이 자연 운동이다. 하늘을 구성하는 물질은 무게도 색깔도 가지고 있지 않은 〈제5원소〉이기 때문에 지구로 떨어질 까닭도 없고, 또 외부의 힘을 받을 까닭도 없이 원래 그러듯이 지구 둘레를 영원히 돌며 원공(原功)과 운동하고 있다.

하늘의 세계에서는 지구로 떨어지는 물체란 있을 수 없다. 또 원운동 이외의 어떤 다른 운동을 하는 물체도 있을 수가 없다. 따라서 그는 지구 주위를 도는 행성들도 원운동을 해야만 하며, 천체에서의 원운동은 완벽한 현상이기 때문에 힘을 받지 않아도 계속 돌 수 있다. 이는 곧 지구 주위 행성의 움직임을 설명하는 것으로 이러한 우주관은 프톨레마이오스의 천동설을 기반으로 한 우주관으로 나타났다. 하지만 이러한 고대의 우주관은 타락하고 변화가 심한 지상과 완벽한 천상을 바라던 기독교인들의 이해와 맞물려 2천여 년간 지속되고 있다. 아래의 이미지는 존재(철학)와 기술(과학)에 관한 내용을 담고 다양한 개념들이 구조적으로 배열하여 보면 패러다임 전환과 관련된 주제들이 나타난다.

환단고기(桓檀古記) 참고

★ 삼법인(三法印)과 사성제(四聖諦)

1. 諸法無我(제법무아) 물리(物理)
2. 제행무상(諸行無常) 화학(化學)
3. 일체개고(一切皆苦) 생물(生物)
4. 사성제(四聖諦) 고집(苦集) 밀도(滅道)
5. 관점 이동(Paradigm Shift) −영성혁명(靈性革命−영+혼+육)

1) 에이아이 빅데이터(AI-Bigdata)

* − 지혜−正見(관점), 자혜기술(慈惠技術)−(자유인)
* − 一切皆苦(일체개고 生物), 四聖(사성제),
* − 고집멸도(苦集滅道),
* − 도덕(道德)−생각(思惟) 滅(What), 파동계(波動械),
* − 창조기술_영영영(嶺營靈)−(콘센트)혼(양호/불량 플러그)
* − (How)八正道(팔정도)−定慧(계정혜),
* − 4H (Heart/Head/Hand/Health) (행동), (독립인)

* − 열반적정(涅槃寂靜)−삼(사) 법인−번뇌를 끊고 열반의 세계는 마음이 평온(平穩)에 이르는 경지 (자승의 열반) 정반합(正反合−헤겔의 논리 전개의 삼 단계 곧 정립, 반정립, 종합의 뜻)의 법칙(法則).
* 수행 − 지속행(持續行), 나눔기술(Have-you)−당신은 가지고 있다.

正念(명상), (사랑인)-모든 번뇌를 남김없이 소멸하여 평온한 해탈 상태, 블록체인(Blockchain)-무심선정(無心煽情), 해탈삼매경(解脫三昧經).

K-일공철학(K 一空哲學)
대원(大元)을 품고 무심(無心)에서 한(漢) 생각(生角), 일으켜 질문(質問)하고 영감(靈感)을 받아 보답행자(報答行者), (생각, 말, 행동) 스스로 색각 중인 님(拰)을 가르치고 있다.

7

사이비 종교의 민낯

무속에서 건진 내 딸은 법사

1. 영 맥(脈) 물 맥(脈) 사이비 종교의 민낯

　오 목사 사건은 한국에서 발생한 끔찍한 사이비 종교 범죄로, 오 목사가 자신의 교회를 통해 다수(多數)의 청소년들과 그의 가족들에게 물질과 성적으로 착취하고 학대했던 사건이다. 오 목사 사건은 단순히 개인의 범죄를 넘어 사이비 종교가 얼마나 심각한 사회적 문제를 발생할 수 있는지를 보여주는 사례다.

　사건 개요를 살펴보면 오 목사의 범죄 행위는 신도들에게 "음란죄 상담"을 빙자해 성적 착취를 강요했다. 피해자 중에는 미성년자도 포함되어 있었고 이들은 거의 15년 이상 성적 학대와 감금, 폭행 등을 당했다. 오 목사는 신도들 간의 결혼과 출산을 강제하고, 이를 통해 집단을 유지했다. 결혼 상대와 임신 시기를 지정하며, 이를 위한 특별한 방까지 운영했다.

　오 목사는 재산이 100억대로 재산 축적 과정은 신도들로부터 헌금을 갈취해 명품 시계, 십억이 넘는 자동차 여러 대, 부동산 등을 소유하며 사치스러운 생활을 했다. 피해자들은 오 목사의 재산이 약 100억 원 이상에 달한다고 주장한다.

　오 목사는 이들 어린 피해자들에게 성적 행위를 강요하고 이를 촬영해 협박 도구로 사용했다. 이러함에도 불구하고 피해자들이 외부에 도움을 요청하기 어려웠던 점은 이 사건이 여러 차례 이곳을 도망쳐 나온 아이들을 통해 사회에 알려질 수 있었으나 이런 탈주가 일어나지 않도록 10년 넘게 완전히 차단하고 사회와 관계를 끊기 위해 학교도 보내지 않아 글을 쓸 수 없고 교육을 받을 기회조차 허락하지 않아 오로지 오 목사 일가의 지시만으로 이들의 정신을 통제했다.

피해자들은 오 목사의 통제하에 기존의 사회적 활동을 단절시킴으로 이들이 정상적으로 판단할 상황이나 그럴 기회와 경험들이 없고 정상적인 것이 무엇인가 하는 개념조차 없어 마치 그곳 생활이 정상적인 삶인 줄로 알고 받아들이도록 세뇌를 시킨 탓에 우리가 일반적으로 생각할 때 "아무리 그래도 이들이 그걸 모르겠어"라고 의심할 수 있지만 정말로 모르기 때문에 일어나는 일이다.

알면 당연히 탈출하거나 저항이 계속되면 계속 잡아들이고 차단을 계속하면 피해자들도 어쩔 수 없이 대부분은 포기하고 당연하게 받아들인다. 이걸 증명하기란 어렵지 않다. 곧 피해자 가족 중엔 엄마와 딸이 함께 음란성 상담을 받은 적도 있기 때문이다.

오 목사는 음란 마귀로부터 해방되려면 자신이 지시하는 대로 해야 한다며 인간으로서는 정말 할 수 없는 끔찍한 일까지 하게 되는데 부모가 그걸 꼭 제재해야 하지 않나, 그런 생각을 일반적으로 할 수 있지만 지금 피해자는 어떤 생각이 빠져 있냐 하면 이걸 거부했을 경우, 이들에게 가해지는 집단 보복이 굉장히 두렵고 특히 애들은 내가 이걸 거부했을 때 우리 부모들이 자신 때문에 당하는 엄청난 두려움에 휩싸인 피해자들의 심리는 우리가 일반적으로 생각하는 정상적인 사고 체계를 완전히 벗어나 있다.

이전, 이은혜 사건에서 '가스라이팅'이 얼마나 위험한지 대기업 연구원이었고 고학력자인 남편이 결국 아내의 가스라이팅에 스스로 추운 겨울 알몸으로 지리산 계곡물에 뛰어들어 목숨을 버리게 되는 상황을 목격했다. 그런데 여기에 절대 신성의 영역인 종교의 영향이 더해진다고 생각해 보라. 사이비 종교는 곧 "내가 좀 불편하거나 의심이 간다고 불편함을 표현하거나 그런 마음을 품는 것조차 죄를 범하는 것"이라고 못을 박고 있다.

신의 영역인 성경의 말씀을 들어 이단 사이비 종교가 청소년들을 가스라이팅(gaslighting), 하게 된다면 이건 절대로 벗어날 수 없는 늪이 되고 만다. 여기에 세대를 초월해서 계속 대물림해 가면서 부모부터 시작해서 유아세례를 받고 소위 말하는 모태 신앙으로 거기 빨려 들어가게 된다면 판단 능력 자체가 없어져 버린다.

가스라이팅(gaslighting) : 타인의 심리나 상황을 교묘하게 조작하여 상대방이 자신의 기억, 인식, 판단력에 대해 스스로 의심하게 만들고, 현실감을 잃게 만드는 심리적 지배 행위, 이는 주로 가정, 연인, 친구, 직장 등 친밀한 관계에서 발생하며, 가해자가 피해자의 자존감과 판단력을 약화해 자신에게 의존하도록 만드는 것이다.

이 사건이 다시 밖으로 나와 현재 구속 재판이 진행 중인데 이 사건은 그야말로 오 목사와 그의 아내 그 아들까지 온 가족이 개입되고 여기에 약사나 의사까지 포함되어 이러한 범행이 자행되어 오던 어느 날 한 피해자가 오 목사의 컴퓨터를 우연히 보게 되고 여기에 오 목사가 음란죄 상담을 핑계로 촬영한 수많은 불법 성 착취 동영상물을 보게 된다.

오 목사의 실체를 파악한 청년 하나가 "오 목사는 진정 사람이 아니다."라는 걸 깨닫게 됐고 10년 만에 교회에서 탈출했다. 그런데 오 목사가 하루 만에 이 피해자를 또 찾아내 다시 교회로 데리고 와서 호적에 아들로 입적해 버린다. 이는 어떤 문제가 생기면 내 아들이라는 이유로 법적 문제를 피하려는 수작으로 다른 사람들에게 발설하면 당사자인 피해자 자신이 가해자로 아버지를 배반하는 꼴이 되고, 이는 죽어서도 천국에 가지 못한다는 종교적 압박을 줘서 고발을 막으려는 방법이다.

예를 들면 다른 사람들이 의심하고 이상한 눈으로 쳐다본다고 하더라도 내 아들이고 내 딸인데 내 가정 내의 일이고, 내가 아무리 훈육해도 애들이 자꾸 거짓말을 한다고 하면 웬만한 법적인 처벌을 막을 수 있기 때문에 서둘러 이들을 호적에 입적시켰다. 이는 피해자들이 심리적으로 자신들이 호적에 입적되면 가족인 부모 자식 관계로 묶어진 상태로는 아버지를 배신하고 신고하고 고발해야 한다면 이는 종교적으로 천륜과 인륜의 죄를 짓는 게 되어버리기 때문에 아예 심리적 정서적 지배와 함께 법적인 차단을 위해 호적에 입증했다. 이것은 전형적인 악마의 본성이다.

정상을 벗어난 세상이다. 말세지말(末世地末)의 때에 벌어지는 현상은 정상이 아닌 통제 불능 상태에 빠진 종교가 오 목사의 가족과 이 가족들이 벌이는 '가족'이라는 테두리 안에서 지능이 높은 'LLI'가 지능이 낮은 'LLI'들을 성적으로 강제 추행하는 꼴이다.

영 맥(脈) 신도들은 주로 미성년자들이 많다. 오 목사는 치아가 거의 없는 상태로 오 목사가 이들에게 말도 안 되는 짓을 지시하였는데 생니인 치아를 뽑아 자신을 향한 믿음을 보이라고 하자 어린 미성년자들이 생니를 뽑아 오 목사에게 바쳤다. 어린 신도들은 마취도 하지 않은 채 자신의 이를 뽑아 오 목사에게 자신의 믿음을 증명해야 했다. 고통은 생리일 수 있다고 여기도록 하고 정말 아픈 고통을 이겨내야만 영생이 부활하는 예수님의 제자라고 가르치고 아이들이 자신들의 생리적인 성을 착취당하는 고통을 느끼면서도 '거부할 수 없을 정도로 완벽하게 자신들을 지배해 달라'는 지배 욕구와 노예근성 중 오 목사는 완전 자신이 이 사람들을 지배했다고 표현하는 게 맞는 표현이다.

'생리 기간에 성을 착취 당하고 치아를 뺄 정도면 출혈이 너무 많아 진짜 위험할 수도 있다. 그러나 이 고통을 극복한다면 자신들은 천국에 갈 수 있다는 믿음은 누가 이해할 수 있을까를 묻는다면 대부분의 종교에서 희생과 순종을 강요할 때 순종이 제사보다 더 나은 것이라고 배운다면 행동은 달라지는 법이다.'

이들 중 공범은 오 씨의 처였다. 오 목사의 아내도 역시 똑같은 사람이었다. 오 목사의 아내는 침대에 누워서 한 남성 신도에게 지금 주님의 치료를 받는 중이라 온몸이 아프다며 안마를 부탁하며 자기 몸을 만지게 했다. 오 목사 아내뿐이 아니라 아이들에게 공부를 가르쳐 준다면서 공부방을 차려놓고 생활이 어렵거나 부모의 보살핌이 필요한 청소년들을 포섭한 사람은 오 목사의 남동생이다. 또한 공부방에 아이들을 모아 가르치는 선생이 바로 서울대 약학대 출신인 오 목사 남동생의 배우자다. 이들이 만든 인간 사육장의 실체는 이들을 영 맥으로 하여 물 맥으로 불리는 신도들의 정체가 교회 마당에서 펼쳐지는 삼겹살 파티에서 적나라하게 드러난다.

이 교회에는 다양한 연령대의 신도들이 집단 거주를 하고 있는데 이들이 오 목사 가족들에게 행복한 미소를 보이며 영상 편지를 쓰는 모습이 담긴 말들은 '앞으로 더 잘할게요. 사랑해요. 액수 잘 채울게요. 사모님. 내가 잘해 줄게 사랑해. 저는 잘 닦고 원래대로 잘하겠습니다. 물 맥은 제가 제일 잘하겠습니다.' 이렇게 순종을 다짐하며 파티를 연다.

여기서 물 맥을 잘 채우고 물 맥을 잘하겠다는 것은 물질적인 맥을 잇는 존재를 뜻하는 것으로 계속해서 누군가를 포섭하거나 헌금이라는 명목으로 가장해서 오 목사에게 돈을 상납한다. 이들의 말은 사모가 이들을 먹이고 함께 사는데 빚진 걸 갚으려면은 한 달에 무조건 1억 이상이 들어 와야 한다고 항상 강조했다고 말한다.

이들의 현금 목표 문서를 공개하면 매일 50만 원씩 신규 일주일에 250만 원 3월 4,000에서 4,500까지 총액 수를 채우도록 하겠다고 기록하고 있다. 공부방은 상납 구조의 중심이었다. 무리한 액수를 헌금으로 강요 했다. 서울대 약대 부인을 둔 친동생이 가세하면서 공부방이 거의 한통속이 되어 돌아가는 이 상황이 마치 다단계 형식으로 운영이 되고 다단계 공부방을 통해서 재산을 불려 나갔다. 목표 금액을 채우지 못하면 이제 폭행과 학대가 이어졌다. 아이들을 볼모 삼아서 부모들에게 헌금을 강요했다.

'엄마 손은 너무 작으니까 내 얼굴 이렇게 심하게 맞아 커지잖아요. 제발 이 얼굴에 멍이 든 거 안 보여. 엄마 땜에 이런 족보로 태어나서 이 고생을 하는 거 안 보여요' 이런 영상을 찍어 아이들이 맞는 영상을 보면 진짜 네 아이들이 학대를 당하는 걸 보는 부모들이 대출을 받아 헌금을 낸다. 아이를 볼모 잡고 벌이는 무서운 일이다. 이때 만약 액수를 채우지 못하면 부모가 자기 자녀를 때리도록, 시키기도 한다. 이쯤 되면 부모들은 사채를 쓰기 시작하고 대출을 받아 그걸 고스란히 갖다 상납한다.

그런데 오 목사 부부의 학대는 여기서 끝이 아니다. 악마 같은 모습이 또 있다. 결혼식 사진들을 죽 벽에 걸고 신도들끼리 강제로 결혼을 시킨다. 교회에 있는 사람들끼리 결혼시켜 애를 낳게 하고 심지어 대출 빚을 못 갚아 찾아온 청년들을 처음 본 사람들끼리 결혼을 하라고 강요한다. 신방을 교회에 만들어 놓고 임신 목적으로 신방을 꾸민 방 안에서 이들이 상관관계 할 때 절차를 설명한 안내 문구가 적혀 있다. 한 번 하게 되면 물티슈 3장을 뽑아서 주변을 다 청소한 다음 말끔히 정리하고 관계 이후에는 이들이 서로 만나기 힘들게 분리해 놓는다. 강제로 결혼한 사람들은 그냥 아이를 낳는 그런 도구로만 사용이 된다. 부부가 낳은 아이들은 영 맥(脈)이 되거나 커서 물 맥이 된다.

이 시대에 상상을 초월하는 역대급 드라마의 물 맥은 돈줄로 천국을 가려는 부모들과 영 맥은 무조건 천국에 가려면 복종해야 한다는 오 목사의 말에 사로잡혀 있는 자녀들은 그야말로 교회라는 지옥에 갇혀 살고 있다. 오 목사가 만든 인간 농장의 실체는 정말 끔찍하다. 신도들끼리 강제 결혼은 물론 스무 살의 아이의 아빠가 된 신부는 태어난 딸을 보고 정말 행복했는데 그렇게 태어난 아이를 안고 산부인과를 나오자마자 오 목사 아내가 기다리고 있다가 가로챘다. 이렇게 태어난 아이들만 따로 모아놓고 키우는 곳이 또 따로 있었다.

이 아이들의 기억엔 부모가 누군지도 모르겠다고 말한다. 아이들이 사육을 당하고 있는 모습이다. 그냥 명령에만 의존하는 기계처럼, 이렇게 물 맥의 엄마 아빠들은 볼모가 된 아이들 때문에라도 할 수 없이 계속 오 목사에게 어떻게든지 헌금을 마련해서 갖다 바쳐야 한다. 영상으로 다친 얼굴을 보이게 하면서 자신의 엄마가 누군지 모르는 엄마나 아빠를 향해 조상이 지은 죄니 뭐니, 막말을 내뱉으면서 헌금하라고 시키는 행동들이 너무 끔찍한 지옥도다.

신도들끼리 결혼시키는 거는 집단의 결속력을 추구한다. 더 중요한 것은 이렇게 대물림되면서 자녀들의 경우 절대적 복종이 가능한 사람들을 계속 양성하고자 하는 이단 종교 집단의 양상이다. 이렇게 갈취한 돈으로 온갖 명품과 보석으로 치장하고 다닌다. 명품 시계와 명품 차들로 치장한 이들의 치사한 사치 행각은 그야말로 대단했다. 신도들이 낸 헌금으로 오 목사의 확인된 재산만 어림잡아 100억 수준이다.

이 사건에서 가장 안타까운 사실은 이 집단의 실체가 밝혀지면서 결혼한 신도들이 낳은 아이들이다. 아이들이 부모한테 가지 못하고 부모와 분리되어서 보호소로 가게 됐다, 부모가 정상적인 생활을 다시 해야만 아이들을 데려올 수가 있는데 이 아이들의 부모는 오 목사에게 학대를 당한 피해자이기도 하지만 또 이 사람들은 아이들을 학대한 가해자도 되기 때문에 이게 당장 아이들을 데려올 수 있는 상황이 못 된다.

아이들 입장으로 봤을 때 아이들 아이들을 중심으로 보면 이 부모도 그 가해에 동조한 사람들이 되는 거라서. 증거로 채택된 영상에서 부모가 아이들을 때리고 얼굴을 발로 막 밟게 하고 부모한테는 그 아이들이 지금 생각하고 있는 자기들이 태어나서 생각해 왔던 내용들 그대로 교육받았다고 생각하면 부모나 자녀 모두 정신적으로 얼마나 힘들겠는가.

도대체 이런 행동을 하는 사람들은 어떤 사람들일까, 생각을 해 보면 우린 이미 이런 일들을 지난 세월에서 많이 겪어 봤다. 아가동산이나 JMS(정명석) 등 다큐멘터리에도 많이 등장한 이들, 교주들은 하나의 독특한 특징과 유사점이 발견된다.

열등감(劣等感)이다. 교주들은 모두 콤플렉스를 가지고 있다. 외모에 따른 신체적 또는 부에 대한 혹은 자신의 능력에 대한 거기에다가 일단 종교를 접하고 그들이 발견한 성직자들이 쉽게 사람들의 신뢰를 받고 선망을 얻어 사람들이 자발적으로 헌금을 하고 그 돈으로 좋은 일에도 또는 개인이 착복하는 모습을 보면서 이런 방식을 자기도 할 수 있겠다고 학습 한 걸 어떤 방법으로든 자신이 그걸 실시를 해봤을 때 어쩌다 성공하게 되면 그게 자기가 갖고 있는 열등감과 이상 행동들이 카리스마로 변화하게 된다.

더 중요한 건 오 목사 사건도 서울대 출신의 약사인 가족이 나오지만 다른 사이비 종교들에도 교수 의사 전문직 종사자를 포섭하여 다른 일반 신도들이 그 사람만 보고도 혹 넘어갈 만한 유명인 전문인 고학력자들을 먼저 포섭하고 그들의 약점을 이용해서 단계적으로 해나가다 보면 아무리 우수한 사람들도 넘어가게 되는 그런 구조를 형성하게 된다.

이들의 행동들을 보게 되면 우리가 봤던 개별적 사이비 종교들이 가지고 있는 모습들을 다 가지고 있다. 그래서 경제적인 착취도 하고 성적 착취도 하고 그다음 집단생활을 시작하고 분리하고 가족끼리 나누게 만들고 그런 부분들이 사이비 종교의 거의 공통점인데 이런 점들이 교주의 특징들이다.

약 20년간 악행을 이어온 오 목사는 용기를 내 교회를 탈출한 20대 여성 3명에 의해서 성 착취 혐의로 고소를 당하면서 파렴치한 범죄들이 세상에 드러나게 됐다. 너무 늦게 알려졌다는 점도 있지만 결국 경찰에 의해 수사가 이루어졌고 기소가 되어서 재판이 열렸다.

일심 재판에서 오 목사는 청소년 강간 등 아동 청소년 관한 법률 위반 혐의 아동복지법 위반 혐의 카메라 등을 이용하여 촬영한 성폭력 범죄 처벌 등에 관한 특례법 위반 혐의 등 총 16개의 범죄 혐의가 적용되어서 유죄 판결을 받았다. 오 목사는 징역 25년 오 목사의 아내에게는 9개 혐의가 적용되어서 징역 8년이 선고되었다.

그런데 오 목사는 너무 형이 무겁다고 항소했다. 이번 사건은 20년 동안 이어진 범죄인데 25년 형을 많다고 항소하는 걸 보면 우리나라에서는 사람을 살해하지 않으면 그렇게 무거운 형을 안 내리는 것이 법조계 사법 관행이다. 이 사건의 항소심이 열렸지만, 원심 그대로 유지됐고 양측 모두 또 대법원에 상고까지 했지만, 상고 역시 마찬가지로 기각되면서 최종 원심판결 그대로 확정이 됐다. 자칭 목사의 동생은 징역 4년 형을 선고받았다.

당시 피해자 6명은 오 목사를 상대로 해서 민사 손해배상 소송을 내긴 했는데 현역 법상 손해 배상 청구권에 대한 소멸 시효가 불법행위가 있던 날로부터 10년 이내 불법행위를 알게 된 날로부터 3년으로 정해져 있다. 그러니까 어린 시절 오 목사 교회에 들어가서 지내다가 성인이 된 피해자들은 대부분 그 시효가 다 지나버렸다.

보상을 받기 위해서는 또 다른 많은 것들을 입증해야 하는 과정이 남아 있다. 재 오 목사는 아동 성범죄와 학대 등 16개 혐의로 징역 25년형을 선고받았다. 그의 부인은 징역 8년, 동생은 징역 4년 형을 받았으며, 아들은 불구속 상태로 현재 재판을 받고 있다.

피해자들의 고통을 생각해 볼 때 이들은 어릴 때부터 세뇌와 학대를 당해 정상적인 사회생활이 어려웠다. 교육을 제대로 받지 못했으며, 탈출 후에도 생계를 유지하기 힘든 상황으로 곤경에 처해 있는 상태를 호소한다. 피해자들은 20년을 고통받았는데 25년은 형량은 너무 부족하다고 느끼며, 민사 소송을 통해 금전적 보상을 요구하고 있으나 소멸 시효를 넘겨 어려움을 겪고 있다. 이 사건이 주는 사회적 의미는 예전의 JMS, 아가동산 같은 다른 사이비 종교 범죄를 떠올려 앞으로 이러한 사이비 종교의 폐해를 예방하는 차원에서 다시 한번 주목할 때다.

phu# 8

이전에 내가 살던 박쥐 동굴 무속은 석굴암의 지남철

1. 무속이 삼킨 나라 수렁에서 건진 내 딸은 법사

　2024년에 이어 2025년 내란의 수괴에 이르기까지 무속이 판을 치고 아예 무당을 배출하는 학원이 생기면서 이곳에서 배출한 MZ 무당들이 실연당한 젊은이들을 겁박하여 약사나 하물며 변호사까지 고학력자나 온갖 갈취와 착취가 행해지고 있는 마당에 무속의 유례와 기원에 대해 살펴보지 않을 수 없다. 무속(巫俗)은 한국 전통 신앙의 한 형태로, 샤머니즘, 애니미즘, 토테미즘 등 원시 신앙 요소와 결합하여 발전해 온 민간 종교 현상이다. 무속의 유례는 한국인의 집단적 삶과 깊이 연결되어 있고 얼마 전 사람들의 심금을 울리며 막을 내린 "폭 싹 쏙 갓 수다."의 드라마 연속극도 그 모태가 무속의 토테미즘이 가장자리를 차지하고 또한 세계인들이 열광하는 '오징어게임'에 이어 현재 시청률 1위를 달리고 있는 '케이팝 데몬 헌터스'도 모두 한국의 무속을 토대로 한 '매기 강' 한국계 캐나다 감독 작품이다.

　무속은 선사시대부터 현대에 이르기까지 다양한 형태로 계승(繼承)되어 올 때 청동기 시대 무속의 기원은 선사시대까지 거슬러 올라간다. 울산 반구대 암각화(신석기 말~청동기)에 춤추는 샤먼(무당)의 모습이 새겨져 있고 고래가 직립해 서 있는 모습을 그려 놓은 암각화를 곰곰이 생각하여 판다나 단군이나 황금박쥐나 미키마우스 17과 보면 당시부터 무속적 의식이 존재했음을 보여준다.

　무속은 일종의 샤머니즘, 애니미즘 등 원시 신앙과 기타 종교 요소가 결합한 형태로 그 기원은 원시인들의 샤머니즘 의식에서부터 찾아볼 수 있다. 청동기 시대에는 청동방울, 청동거울, 머리에 쓰는 청동(青桐) 두건(頭巾) 또한 주로 권력이나 지위를 상징하는 용도로 쓰였고 신라 금관도 일종의 그런 의미로 보면 된다. 머리에 두건을 쓰는 이유도 모두 무속 의례와 관련된 것으로, 이 시기 사회가 제정일치 즉(卽), 종교와 정치가 하나로 통합된 형태였음을 시사한다. 족장이나 제사장이 종교적 지도자 역할을 하며 제사를 주관했다.

고조선과 삼국 시대의 무속은 고조선 건국 신화(단군신화)에도 반영되어 있다. 곰과 호랑이, 천신의 자손 환웅, 신단수(신성한 나무) 등은 애니미즘과 토테미즘 신앙의 흔적이다. 고조선, 부여, 고구려, 마한, 예 등 고대 국가에서는 제천의식(하늘에 제사 지내는 의식)이 발달했다. 이는 국가적 통합과 농경 사회의 풍요를 기원하는 중요한 종교 행사였다. 삼국지 위지 동이전 등 고대 기록에도 이러한 의식이 언급된다. 삼국 시대 신라의 왕을 '차차웅'이라 불렀는데, 이는 무당을 뜻하는 말로, 당시 왕이 종교적 지도자 역할도 겸임했음을 보여준다.

고려와 조선 시대에는 불교, 유교 등 외래 종교가 들어오기 전까지 무속은 한민족의 주류 신앙이었다. 이후에도 민간 신앙으로 뿌리 깊게 남았다. 고려시대에는 무속이 민간으로 확산되어 무당이 참여하는 굿이나 기우제(비를 기원하는 의식) 등이 널리 행해졌다. 고려 인종 때는 300여 명의 무녀가 기우제에 동원되기도 했다.

조선 시대에는 유교적 국가 이념에 의해 공식적으로 억압받았으나, 무속은 민간에서 꾸준히 유지되었다. 오히려 무당에게 세금을 부과하는 '무포(巫布)' 제도 등으로 인해 공공연히 존재할 수 있었다.

무속의 역사적 의미는 고대부터 현대까지 한국인의 삶과 문화에 깊이 뿌리내린 신앙 체계다. 불확실한 미래, 질병, 재난 등 삶의 문제에 대한 해답과 위안을 제공해 왔으며, 굿, 음악, 춤 등 예술적 요소의 발전에도 큰 영향을 미쳤다. 외래 종교가 전례 된 이후에도 무속은 민간 신앙으로서 한민족의 기층적 종교 현상으로 전승(傳承)되어 현재에 이르렀다.

요약하여 전하면 무속은 선사시대 샤머니즘에서 시작해 청동기 시대 제정일치 사회에서 발전되어 고조선, 삼국 시대에는 국가적 제천의식과 건국 신화에 깊이 반영되었고 고려~조선 시대에는 외래 종교와 공존하며 민간 신앙으로 계승되다가 오늘날까지 한국인의 삶과 문화, 예술에 깊은 영향을 미치며 한국인의 집단적 역사와 문화, 종교적 정체성의 뿌리로 자리 잡고 있다.

2. 사전에 밝히는 무속

무속은 일종의 샤머니즘, 애니미즘 등 원시 신앙과 기타 종교 요소가 결합한 형태로 그 기원은 원시인들의 샤머니즘 의식에서부터 찾아볼 수 있다. 울산 반구대 암각화에는 춤추는 샤먼의 그림이 있으며, 청동기 시대는 제정일치 사회였기 때문에 일반적으로 정치 집단의 지도자가 종교 집단까지 거느리며 성경엔 이들이 족장이며 또한 제사장이었다. 이들이 거행했던 의식이 무속의 기원이 된다고 보는 견해가 많다.

고대 국가와 삼국 시대의 무속의 기원은 일반적으로 고조선 때로 잡는다. 김영하 교수 등 단군을 몽골의 천신인 텡그리와 같다고 주장하는 학자들이 많이 있다. 단군왕검에서 단군은 한국 고유의 말로 한자(漢字)에 표현한 것으로 제정일치 사회의 제사장, 즉 종교의 우두머리를 뜻하며 왕검은 왕을 뜻한다는 설이 있다. 고조선 때부터 제천의식이 더욱 발전하고 고구려, 부여, 마한, 예 등의 국가가 세워지면서 고조선 제천의식이 발달하게 되었다. 제천의식은 문화적 특질과 종교적 특질 모두를 가지고 있는데, 삼국지 위지 동이전에는 고대국가 부여, 고구려, 예, 마한 등의 나라가 모두 제천의례를 거행한다고 기록하고 있다. 부여의 영고(迎鼓), 고구려의 동맹, 백제의 무천(舞天), 마한(馬韓)인 천제(天祭)는 신라와 고려대에 이르러 팔관회라는 이름으로 유지되었다.

중세와 근현대 국가에서 무속은 유학이 조선의 기본 이데올로기가 됨에 따라 무속에 대한 탄압이 가해져 무당이 천민으로 전락했고, 일제강점기를 거치며 탄압받았다. 성리학이 지배 이념이었던 조선 시대에도 무당들은 사람들의 질병을 돌볼 때 정성을 다하지 않으면 벌을 주라고 할 정도로 치유 능력이 있는 자로 여겨졌다. 1945년 8월 15일 광복 이후 조선민주주의인민공화국에서는 미신으로 간주 되어 거의 사라졌고 대한민국에서 그나마 명맥을 유지하고 있다가 박정희 정권 당시 벌어진 소위 '미신 타파 운동'으로 인해 탄압받았다.

무속은 역사적으로 아주 오래된 종교인데, 고조선 시대에도 존재했다고 보는 것이 보통이다. 고조선 시대를 상징하는 건국 신화인 단군신화를 보면, 곰과 호랑이가 나오고 천신의 자손 환웅이란 용어가 나온다. 이 외에도 태백산, 신단수 등을 신성시하는 것으로 보아, 애니미즘, 토테미즘 등을 그 시대에 믿었음을 알 수 있다. 또한 당시는 제정일치 사회였으므로 종교 지도자와 정치 지도자가 구분되지 않았다. 애니미즘과 토테미즘, 샤머니즘은 지금도 무속의 핵심적인 요소로 남아 있다.

삼국 시대와 고삼국 시대 삼한과 부여, 고구려, 옥저, 동예 등 여러 국가에서는 제천의식을 비롯한 여러 종교적 의식을 가지고 있었는데, 지금도 일부 남아 있는 솟대나 당산목 등이 이때 기원을 두고 있다고 보는 것이 일반적 견해다. 솟대는 새를 꽂은 나무로 새를 하늘과 땅의 중개자로 보는 신앙에서 비롯되었다. 또한 농업이 철기의 사용으로 발달 되고 국가 간 전쟁이 더욱 치열해지자 고대 국가들은 백성들을 단합한다는 취지에서 큰 종교 행사를 열었는데, 이것이 제천의식이다.

통일 신라 시대인 태종무열왕 때부터 유교, 불교와 같은 외래사상의 수용과 건국시조와의 연관성을 통한 왕권 계승자 의식 확립으로 제천 의례가 쇠퇴한다.

고려시대부터는 무속이라고 규정지을 수 있는 개인적인 굿 또는 무당이 개입한 제의의 역사가 구체화 된 시기이다. 신이 내리는 데는 남녀·귀천을 가리지 않았다. 충선왕 때 내부령(內府令)을 지냈고 충숙왕 때에 찬성사(贊成事)가 된 강융(姜融)의 누이는 무당이 되어 송악사(松岳祠)에 기식하였고, 공민왕 때 판숭경 부사가 된 지윤(池奫)의 어머니도 무당이다.

처용(處容)무는 고려시대에 처음으로 궁중 의례화되었다. 고려시대 무속은 몇 가지 점에서 근래와 유사한 상태를 보여준다. 고려시대 무의(巫儀)가 이미 현대의 굿과 같은 구조를 지녔다.

고려시대에 와서 하늘에 대한 제사가 다시 중시된다. 고려의 국조 세계 설화에 평나산(平那山) 산신이 등장하는 것을 비롯하여, 산신이 대단히 중요시되었다.

조선 시대에 와서 국가 행사 의례를 무당이 주관하는 전통은 지속되고 있었으나 성리학을 정치 이념으로 내세운 지배 권력이 무속을 음사(淫祀)로 규정하고 여러 가지 제도와 장치를 통해 노골적으로 무속을 탄압하였다. 조선 세종 시대부터 불교 승려들의 도성 출입 금지가 시작되며 무당들도 도성에서 쫓겨난다. 무당은 짐승만도 못한 취급을 받던 천민 부류에 속하였으나 조선 후기의 무당은 주로 양인 신분이었다. 호구수(戶口數)에서 대체로 무당의 숫자가 적어서 대규모의 굿을 행하기는 어려웠다고 판단된다. 영조 시대에는 궁궐에서나 사대부들이 무속을 겉으로는 경시하면서도 속으로는 깊이 믿었음을 알 수 있는 기록이 영조실록에 있다.

태백산에서 제의를 주관한 제관은 고려는 국가에서 파견한 관리가 주도하였으나 조선 시대에는 국가 제의에서 제외되며 향리나 민간인이 제의를 주도하게 된다.

일제강점기에 들어서 일제의 탄압이 있었으나 당시 조선인들은 계속 신앙심을 유지해 왔다. 일제가 조선 땅에 일본 신토를 섬기는 신사를 지으며 국사당을 강제로 옮긴 일도 있었다.

조선 후기부터 구국의 성지로 부각 되기 시작한 태백산 천제단에서는 구국을 위한 의례가 행하여지면서 제의가 천제(天祭)의 형식을 갖추게 된다.

해방 이후에 한국전쟁 중에는 헬기 착륙장 조성으로 천제단이 헐린다.

박정희 정부 들어 새마을 운동을 정부에서 실행하면서 미신 타파 운동을 통해 탄압받다가 요즘 현대에 급격히 신자가 늘어나고 있다. 이 계몽 운동으로 집안과 마을을 결속해 주는 고리가 상당 부분이 없어졌다. 항간에는 무속신앙이 미신으로 간주 되지 않고 제대로 존중받고 전승되었다면 미신으로 인한 많은 사회적 병폐가 많이 줄었을 것이라고 말하는 사람들이 있다. 곧 개인과 가족, 마을의 결속력이 좋아져 사회가 더 살기 좋게 발전하였을 수도 있었다는 것이다.

강신무와 세습무는 무속에서 신령과 사람 사이를 이어주는 중재자 즉, 샤먼을 무당(巫堂)인데 한국에서는 무당을 '당골내'라고 부르며, 크게 강신무와 세습무로 나누어 볼 때 강신무는 대체로 한강 이북에서, 세습무는 한강 이남과 동해안 일대에서 전해졌다. 강신무는 일반인으로 살아가다가 어느 순간 무병을 앓게 되고 내림굿을 통해 신내림을 받아서 신령을 몸 주신으로 모시는 무당을 일컬으며, 세습무는 조정래의 대하소설 《태백산맥》의 소화처럼 집안의 인척 관계로 계승되는 무당을 말한다. 요즘 개신교 교회 목사들 세습과 같다.

광복 이후 세습무들은 조선 시대 때 무당이라고 괄시받으므로 이를 피해, 무당 집안임을 숨기는 일이 많아졌고, 한국전쟁 때 미신과 종교를 금지하는 조선민주주의인민공화국 정부의 탄압을 피해서 대한민국으로 옮긴 강신무들이 그 자리를 차지해 무당이라고 하면 대부분 강신무로 인식하는 경향이 있으나, 아직도 대한민국의 동해안 지역과 호남 지역에는 세습무의 전통이 유지되고 있다. 세습무는 강릉 단오굿과 동해안 별신굿, 진도 씻김굿 등이다. 이들 세습무는 모두 국가무형문화재로 지정되어 전승되고 있다. 진도 씻김굿을 하는 무당을 진도에서는 당집의 '당골네' 무당이라고 부른다.

9

인동초 소 안들 소망이
철딱서니 없기를 바란들

잠재 억제 부족증(latent inhibition deficiency)

 레이턴트 이니비션 디피션시(latent inhibition deficiency), 잠재력 억제 부족 증상을 병리적으로 정신병 진단 범주에 끼워 넣고 급수를 받기 위해 스스로 자신이 느끼는 지금의 상황을 자신이 알고 있음에 병식을 인식함으로 정신병 범주에 포함하지 않으려는 시도가 곧 이러한 섬세함을 부각(浮刻)시켜 어떻게든 병명을 벗어 보려고 지금 후용은 삼성병원 대기실에 앉아 있다.

 그의 손은 가만히 있지 못하고 주머니 속에서 무엇인가를 만지작 거렸다. 주변의 작은 소음, 형광등의 미세한 깜빡임, 사람들이 내는 낮은 목소리까지 모두 그의 신경을 자극했다. 그는 고개를 들어 천장을 바라보았다. 전등의 빛을 보며 그 안의 구조를 상상했다. 전선이 어떻게 연결되어 있을지, 빛이 어떤 방식으로 퍼지는지, 모든 것이 머릿속에 떠올랐다.

 이런 생각은 때론 그에게 창의적인 즐거움을 주기도 했지만, 혼란과 스트레스를 주기도 한다.

첫 번째 〈진료〉

 진료실 문이 열렸다. 간호사가 그의 이름을 불렀다. 후용은 천천히 자리에서 일어나 문 안으로 들어갔다. 진료실 안에는 한정근 의사가 앉아 있었다. 그는 따뜻한 미소로 후용을 맞았.

 "어서 오세요, 앉으세요." 한 의사는 차분한 목소리로 의자를 밀어주며 말했다.

후용은 의자에 앉으며 깊은 한숨을 내쉬었다. "선생님, 제가, 그러니까 제가 좀 이상한 것 같아서요."

"어떤 점이 그렇게 느껴지시나요?" 한의사는 그의 눈을 바라보며 넌지시 물어보았다.

후용은 잠시 망설이다가 말을 꺼냈다. "저는 주변에서 일어나는 모든 것을 너무 세세하게 느껴요. 전등을 보면 그 안의 구조까지 상상하게 되고, 사람들의 말 한마디에도 과하게 의미를 부여해요. 머릿속이 너무 복잡해서 견딜 수가 없어요."

한 의사는 고개를 끄덕이며 그의 이야기를 듣다 개입했다. "그것은 잠재억제부족증, 즉 Low Latent Inhibition이라고 불리는 증상과 비슷합니다. 일반적으로 사람들은 불필요한 자극을 억제하며 집중력을 유지하지만, 후용 씨처럼 억제 기능이 부족하면 모든 자극을 세세하게 받아들일 수 있습니다."

"그럼 저는 병에 걸린 건가요?" 후용이 불안한 표정으로 물었다.

"아니요, 한때 세계 질병분류협회에서 질병으로 분류할 걸 고민한 적은 있어도 논의 결과 이 자체를 질병으로 분류되지 않았습니다." 한의가 부드럽게 웃으며 말을 이었다. "하지만 스트레스와 불안 같은 심리적 문제로 이어질 수 있죠. 후용 씨는 세상을 다르게 보고 느끼는 특별한 능력을 지닌 겁니다. 다만, 그 능력을 조율

하는 방법을 배우는 것이 중요합니다."

후용은 잠시 생각에 잠긴 후 말을 이었다. "어릴 때부터 이런 느낌이 있었는데 최근 들어 더 심해졌어요. 특히 스트레스를 받을 때요."

한의사가 진지한 표정으로 말했다. "그럴 수 있습니다. 높은 창의성과 민감성을 가진 분들이 종종 이런 증상을 겪습니다. 하지만 그만큼 스트레스 관리가 중요합니다. 환경적 자극을 줄이고 자신만의 균형을 찾는 방법을 배워야 합니다."

후용이 조심스럽게 물었다. "제가 어떻게 시작해야 할까요?"

한의사가 조언을 계속 이어갔다. "우선은 하루 동안 느낀 감정과 생각들을 일기로 기록해 보세요. 즉 자신의 패턴과 감정을 이해하는 것이 첫걸음입니다. 그리고 다음 주에 다시 오셔서 이야기 나눠봅시다. 필요하다면 심리상담 전문가도 소개해 드릴게요."

후용이 고개를 끄덕이며 자리에서 일어섰다. "알겠습니다, 선생님."

진료실을 나서며 후용은 자신이 이상한 사람이 아니라는 말을 곱씹었다. 어쩌면 자신이 특별할지도 모른다는 생각이 들었다. 하지만 지금 당장은 그 특별함보다 혼란스러운 마음을 정리하는 것이 먼저였다.

후용이 병원을 나설 때 형광등 불빛이 여전히 그의 시야를 자극했으나 이번에는 지난번처럼 조금 덜 혼란스러웠다. 그는 앞으로 자신을 이해하고 돌보는 시간을 가져야겠다고 마음먹었다.

두 번째 〈진료〉

후용은 한의사의 조언을 들으며 조금씩 마음이 편안해지고 있다.

후용 "선생님, 그런데 이런 증상이 저에게만 있는 건가요? 제가 너무 이상한 사람처럼 느껴져요.

한의사 "아니요, 후용 씨. 이런 증상을 지닌 사람들은 생각보다 많습니다. 특히 지능이 높은 사람 중, 잠재억제부족증을 가진 경우가 종종 있어요. 이 증상은 단순히 혼란을 주는 것이 아니라, 창의력과 상상력을 발휘할 수 있는 특별한 능력으로 연결되기도 합니다."

후용 "창의력과 상상력이라니요? 저는 그냥 머릿속이 너무 복잡해서 아무것도 못 하겠던데요."

한의사가 미소를 지으며 말했다. "후용 씨, 잠재억제부족증을 가진 사람들은 일반인과 다른 방식으로 세상을 봅니다. 예를 들어, 전등을 볼 때 단순히 빛나는 물체로 인식하는 것이 아니라, 그 내부 구조와 작동 원리까지 상상하죠. 이런 사고방식은 문제해결 능력이나 새로운 아이디어를 떠올리는 데 큰 도움이 될 수 있습니다."

후용이 물었다. "그렇다면 제가 이런 혼란스러운 상태를 잘 활용하면 뭔가 특별한 일을 할 수 있다는 건가요?"

한의사가 답했다. "맞습니다. 후용 씨 같은 분들은 창의적인 천재로 발전할 가능성이 있습니다. 예술, 과학, 기술 분야에서 독창적인 아이디어를 내고 세상을 변화시킬 수도 있죠. 하지만 그 과정에서 중요한 것은 자신의 민감성을 관리하고 스트레스를 줄이는 방법을 배우는 겁니다."

후용이 고개를 끄덕이며 물었다. "그런데 제가 어떻게 그걸 관리할 수 있을까요? 지금은 그냥 모든 게 너무 과도하게 느껴져서 힘들기만 해요."

한의사 "우선은 자신에게 맞는 환경을 만들어야 합니다. 자극이 적고 편안한 공간에서 작업하거나 생각하는 시간을 가져보세요. 그리고 자신이 느끼는 감정과 생각들을 기록하면서 패턴을 파악하세요. 이렇게 하면 혼란스러운 정보 속에서 중요한 것들을 걸러내는 능력이 생길 겁니다."

후용이 잠시 생각하더니 말문을 열었다. "선생님 말씀을 들으니 조금 희망이 생기는 것 같아요. 제가 이런 상태를 꼭 나쁜 것으로만 보지 않아도 되겠네요."

한의사 "그렇습니다, 후용 씨. 잠재억제부족증은 단순히 약점이 아니라, 강점으로 바꾸는 가능성입니다. 이를 통해 세상을 다르게 보고, 남들이 보지 못하는 것을 발견할 수 있어요. 다만, 그 과정에서 자신을 돌보고 관리하는 것이 필수적입니다."

후용이 미소를 지으며 말했다. "감사합니다, 선생님. 저도 제 능력을 좀 더 긍정적으로 바라보도록 노력해 보겠습니다."

한의사 "좋아요, 후용 씨. 다음번에 다시 오셔서 진행 상황을 이야기해 주세요. 필요하다면 추가적인 상담이나 치료 방법도 함께 고민해 볼 수 있습니다."

후용은 진료실을 나서며 한결 가벼운 마음으로 문밖으로 걸어 나간다. 그는 이제 자신의 혼란스러운 감각 속에서 숨겨진 가능성을 찾아보려고 결심한다.

3번째 〈진료〉

후용이 진료실 창밖을 바라보며 조심스럽게 입을 열었다.

후용 "선생님, 저는 어릴 때 가정폭력을 겪었어요. 부모님은 항상 싸우셨고, 저는 혼자 자연 속에서 시간을 보내며 마음을 달래곤 했죠. 나무의 잎사귀를 보고 그 안의 결을 상상하거나, 흐르는 물소리를 들으며 그 물이 어디로 흘러가는지 떠올렸어요. 그게 제가 배운 방식이었어요."

한의사는 그의 말을 경청하며 고개를 끄덕였다.

한의사 "그런 경험들이 후용 씨에게 깊은 영향을 미쳤겠군요. 어쩌면 그때부터 잠재억제부족증의 특징이 나타났을지도 모릅니다. 주변 환경의 모든 자극을 세세하게 받아들이는 능력이요."

후용은 고개를 숙이며 말했다.

후용 "그런데 그게 저를 너무 혼란스럽게 해요. 모든 게 너무 크게 느껴지고, 머릿속이 복잡해져요."

한의사는 미소를 지으며 답했다.

한의사 "잠재억제부족증은 일반인과 다른 방식으로 세상을 보는 능력입니다. 가령 전등을 볼 때 단순히 빛나는 물체로 인식하는 것이 아니라, 그 내부 구조와 작동 원리까지 상상하죠. 이런 민감성은 높은 지능과 결합이 되었을 때 창의력과 상상력을 발휘하는 도구가 될 수 있습니다."

후용이 놀란 표정으로 물었다.

후용 "그럼, 제가 이런 혼란스러운 상태를 잘 활용하면 뭔가 특별한 일을 할 수 있다는 건가요?"

한의사는 고개를 끄덕이며 말했다.

한의사 "맞습니다. 후용 씨 같은 분들은 창의적인 천재로 발전할 가능성이 있습니다. 예술, 과학, 기술 분야에서 독창적인 아이디어를 내고 세상을 변화시킬 수도 있죠. 하지만 중요한 것은 자신의 민감성을 관리하고 스트레스를 줄이는 방법을 배우는 겁니다."

를 바로 잡아 다시 시도해 보는 일이야말로 정상적인 배움의 과정이라고 하겠습니다. 어린아이가 수없이 넘어지면서도 다시 시도하여 걸음마를 배웁니다. 이것이 대부분 우리가 여태 경험을 통해 배우는 방식입니다. 그러나 인간은 동물보다도 훨씬 민감합니다. 사회적으로 인정받고자 하는 욕구나 자존심에 대한 욕구가 대단히 발달해 있습니다.

실수는 당혹스러운 일입니다. 실패는 더더욱 그렇습니다. 특히 완벽을 강조하는 환경 속에서 어린 시절을 보낸 사람에게는 실수나 실패는 충격적입니다. 부모님이나 선생님, 또는 사회생활 초기 조직의 상사들은 대부분 실수를 용납하지 않는 경우가 많습니다. 그러나 우리는 누구라도 초보 단계에는 실수를 범할 수 있고, 이러한 실수나 실패를 두려워하고 도전 정신을 억누르면 우리가 지닌 퍼스날 리더의 향상을 억제하게 되는 까닭은 우리가 또 다른 실수를 범하게 될까 봐 두려운 나머지 바짝 긴장하게 되고, 그 결과 인생을 살아가는데 안전한 길만을 따라가려는 행동양식을 보이게 됩니다.

"실패에 대한 두려움은 소심한 성격을 만들어 냅니다."

실수나 실패의 경험을 두 번 다시 하고 범하고 싶지 않은 사람들은 도전 같은 건 엄두를 못 내게 마음을 억제시키는 경우가 많습니다. 그러나 중요한 것은 실패 그 자체가 아닙니다. 실패에 대한 마음가짐입니다. 우리가 실수할 때마다 실패로 여겨 좌절로 여긴다면 실상은 그것이 그대로 좌절이 되고 말 것입니다. 반대로 실수를 배우는 과정에서 나타난 결과를 새로운 이정표로 간주하면 실수는 우리를 더욱 강하게 만들어주는 역할을 할 것입니다. 나의 실수나 실패에 대해 힘없이 등을 보이고 돌아서는 것이 아니라, 이를 악물고 실패나 실수에 도전하는 것입니다.

실수나 실패도 학습입니다. 경험 학습인 것입니다. 실수나 실패가 인류의 진보에 공헌해 온 것은 많은 사례에서 알아볼 수가 있습니다. 라이트 형제는 3,000번의 실험 비행의 실패 끝에 드디어 하늘을 날 수 있었습니다. 라이트 형제처럼 나의 실수를 실패로 받아들일 수도 있고, 발전 과정의 교훈으로 받아들이기도 합니다. 곧 실수와 실패에 대해 내가 어떤 마음가짐을 갖느냐에 따라 성공자가 될 수도 있고, 실패자가 될 수도 있는 것입니다. 실제 우리가 두려워해야 할 가장 큰 문제는 실수를 저지르는 자체가 아니라 실수를 저지르지 않으려고 하는 생각입니다. 실수가 너무 두려워서 실수할 각오를 하지 않는다면 아무런 실수를 저지르지 않을 것은 분명합니다.

이러한 사람들은 배우지도 못하고 성장하지도 못할 것입니다. 주변 사람들이 퍼스널 리더십을 발휘할 때는 그에 따른 위험 부담을 안고도 과감하게 부딪치며 앞으로 전진 하여 오는 동안 인류는 지금 AI라는 인공지능 로봇의 도움을 받으며 살고 있는데 나만 그대로 정체되거나 낙후될 수는 없습니다. 에디슨은 12만 번의 기도와 만 번의 실험으로 2,000여 가지의 발명품을 발명했습니다. 한번 실패하면 3시간이나 무릎을 꿇고 기도했다고 합니다. 자신에게 "정성이 부족하지 않았는가?" 실패를 성공의 어머니로 삼고 말입니다.

후용의 숙제 <수필>

제목 : 복분자

심리상담이나 약물 치료가 필요할 수 있어 나는 주로 복분자 꽃 술이나 성령의 새 술에 취해 글을 짓거나 환경적 자극을 줄이고 스트레스를 관리하던 어느 참에 독립문 이맛돌에 박힌 살구꽃이 오얏꽃 연지처럼 찍고 그 꽃 앞가슴에 문을 단 고추잠자리 암컷의 잠지가 가슴에 달렸다는 사실이 신기하기만 했다.

반면에 고추잠자리 수컷은 꼬리에 고추를 달고 있어 둘이 번식하는 가을 하늘에 하트를 그린 이유가 이브의 자리라는 요강이 필요한 가마터가 호기심을 내야 똬리를 틀고 가마터에 앉아 있는 화사한 변을 보아 뱀이 자아낸 동굴 속 원시인 판다가 곰이나 반달이 문임을 깨달아 시편 24편의 내용을 대체 적으로 궁금증과 호기심을 가지고 있어야 낼 수 있는 용기라고 마음을 먹었다.

그런데 이걸 또 곰곰이 생각해 보면 이전에 세종이 무슨 일이든 문제가 생기면 신에게 의존하여 물었던 걸 상상하여 골치가 아프면 머리를 쥐어박아야 정약용이 돼지, 그러면 또 자승자박하여 말 속에 네 팔자가 무한대로 갇히면 MBTI 성격유형 검사가 필요한 그때 구원이 필요한 일원이 십 원인지 시원의 대로에 십자가 세워야 열이 완전 배수가 시 빌 빌어 시비가 되는 의성어라고 이상하게 생각하면 이상문학상을 받는데 왜 달마가 동쪽으로 가야 받는지 궁금하여 모를 때 질문의 힘이 앓이어도 모를 때 암이 생기는구나, 그런 생각을 하였걸랑요.

그러던 중 어느 날 "내가 왜 맨 날 그래야만 돼지, 이런 호기심에 물음표를 달고 새로운 문을 선택하여 걸어 나가려던 바로 그 순간 모세가 마라에 쓴 물 바위를 내리치던 지팡이가 아르 새로 괴도 루팡이 괴도를 떠나 빠르게 쿠팡이 잠식한 물류센터 국내 배송만큼은 절대 자기가 책임진다고 발설하는 순간 여태까지 익숙했던 신뢰의 음성이 가장 생소하게 들리고 바로 그때 그 순간 그대로 유지되었던 마음의 상태는 평정의 심리를 잃고 여태껏 익숙했던 것들을 벗어버리려는 갑갑한 갑각류의 껍질들이 한 겹 한 겹 벗어 내던진 허물과 뜻밖에 친숙해진 철인들의 철딱서니는 좀전의 가장 고독한 상태로 불안과 맞서 점차 너무나 고유한 고요함으로 독립을 선언했을까, 의심하면 '해라'를 아프로디테라고 사랑의 여신이 아테네 거미가 짜는 베틀이 천형인 줄 알고 천직이 모직물로 하늘을 가리는 그물에 고기가 산물인 줄 알면 간덩이가 부어 배 밖으로 나온 프로메테우스의 반역은 적반하장이 희생이라 독수리가 필요하다고 생각했어라."

그렇다면 이때의 반역과 독립은 강제나 수동적으로 만들어 낸 것이 아니라 기존의 질서 속에 있는 것을 스스로 역행하듯 물살을 거슬러 잽싸게 튀어 오르는 연어처럼 도랑물에 잠긴 거친 돌과 미끄러운 이끼에 배를 부딪치고 자기 모태인 연못을 향해 야물게 꼬리치는 수풀이 다에서 물풀처럼 언 듯 언 듯 강물에 비친 구름을 구슬리고 귀향하는 샘터, 타나토스 생존의 본능은 주검이 이미 기존에 있었던 것에 대답만 하는 것이 아니라 스스로가 자초(自招)하여 의도적 실험을 자행하는 것으로 생각했지요.

왜냐하면 자초는 곧 철학의 첫 출발점이자 철인의 원조인 탈레스가 스스로 고독을 자초하여 자기가 자신 안에 기신 하는 신기함에 저절로 호기심에 어려 기쁘게 받아서 대면한 상태 천태만상(千態萬象)의 태상은 오직 자신만이 오롯이 자기가 되고 싶은 용기, 세상에서 가장 아름답고 가장 자기다운 개성을 만점으로 매기는 까닭이 십점 만점의 올림이 100점이라 생각했으니까요"

후용의 글에 대한 한의사의 피드백

한의사는 후용이 써온 글을 읽으며 깊은 생각에 잠겼다. 글 속에는 복잡한 이미지와 상징이 얽혀 있었지만, 그 안에는 후용의 내면세계가 고스란히 담겨 있었다. 그는 조심스럽게 입을 열었다.

한의사 "후용 씨, 글을 읽으면서 여러 가지를 느꼈습니다. 우선, 복분자 꽃술이나 성령의 새 술처럼 자연과 연결된 이미지를 통해 당신이 스트레스를 관리하고 마음을 달래는 방법을 표현한 점이 인상적입니다. 자연은 당신에게 단순한 배경이 아니라, 치유와 창조의 원천인 것 같아요."

후용이 고개를 끄덕이며 말했다.

후용 "맞아요, 선생님. 어릴 때부터 자연 속에서 혼자 시간을 보내며 마음을 다스렸어요. 그게 저를 살게 해 준 유일한 방법이었죠."

한의사 "그런 경험들이 지금의 창의성을 키운 밑바탕이 되었군요. 글 속에서 독립문에 박힌 살구꽃과 오얏꽃 연지를 묘사하며 상징적으로 표현한 부분도 눈에 띕니다. 그것은 당신이 과거의 고통에서 벗어나려는 의지와 새로운 문으로 나아가려는 결심을 보여주는 것 같아요."

후용 "그렇다면 제가 이렇게 복잡하게 쓰는 게 괜찮은 건가요? 너무 난해하여 이상 문학지도 이해하지 못하지 않을까 걱정했어요."

한의사가 미소를 지으며 말했다.

"난해하다고 느껴질 수도 있지만, 그것은 당신의 독특한 사고방식과 상상력에서 비롯된 겁니다. 잠재억제부족증을 가진 사람들은 일반적으로 보이지 않는 세부 사항까지 인지하고 이를 창의적으로 풀어내죠. 예를 들어, 왕잠자리와 고추잠자리의 이미지를 통해 자연의 섬세함과 생명의 순환을 상상력으로 연결한 부분은 매우 독창적입니다."

후용이 조금 안심하며 대답했다.

후용 "제가 이런 방식으로 글을 쓰면 제 마음을 더 잘 표현할 수 있을까요?"

한의사 "네 지금처럼 글쓰기 자체가 당신에게 치유와 자기 이해의 과정이 될 수 있어요. 다만, 앞으로는 조금 더 간결하게 표현하는 연습도 해보면 좋겠어요. 복잡한 이미지와 상징을 유지하되, 독자가 더 쉽게 이해할 수 있도록 문장을 정리하는 것도 창의성을 발휘하는 또 다른 방법입니다."

후용 "알겠습니다, 선생님. 다음에는 좀 더 간결하게 써 볼게요."

한의사의 해석

후용의 글은 그의 내면세계를 깊고 풍부하게 보여주는 동시에, 잠재억제부족증이 가진 창의적 가능성을 잘 드러낸다. 자연과 환경 속에서 얻은 치유와 영감은 후용이 글쓰기의 핵심이며, 이를 통해 자신의 감정을 표현하고 정리하는 능력을 키워가고 있다. 앞으로는 간결함과 논리적 구조를 더해 독자와 소통하는 힘을 키우는 방향으로 발전하면 더욱 훌륭한 작품을 만들 수 있을 것이다."

한의사는 후용이 다음 숙제를 해오라고 과제를 또 내주었다.

한의사 "후용 씨, 다음은 자연 속에서 떠오르는 이미지를 간결하게 묘사하며, 한 문장씩 자신의 감정을 표현해 보세요. 이번에는 독자가 쉽게 이해할 수 있도록 문장을 줄이고, 핵심 메시지를 전달하는 데 집중해 봅시다."

상담은 벌써 7회기로 접어들고 있었.

후용의 글 중 "중생과 회개"

중생은 번뇌의 불길 속에 앉아
재처럼 흩어진 시간을 움켜쥔다.

회개는 번개처럼 가슴을 찢어
허물의 그림자를 빛으로 삼킨다.

 후용은 7회기 상담을 위해 진료실에 들어서며 한의사에게 자신의 글을 건넸다. 그의 글은 "중생과 회개"라는 제목 아래, 깊은 신학적 주제와 개인적인 성찰이 담겨 있었다. 한의사는 글을 읽으며 조심스럽게 분석했다.

 한의사 "후용 씨, 이번 글은 이전보다 훨씬 더 명확하게 쓰셨네요. '중생'과 '회개'라는 주제를 통해 당신이 자신의 내면을 탐구하고, 삶의 방향성을 고민하는 모습이 느껴집니다. 우선, '회개'를 바리새인 관원이 예수님께 찾아간 이야기로 시작한 부분이 흥미롭습니다. 회개를 단순한 후회나 양심의 가책으로 보지 않고, 죄로부터 하나님께로 돌이키는 마음의 변화로 정의한 점이 인상적이에요."

 후용이 고개를 끄덕이며 담담하게 말한다.

 후용 "회개가 단순히 잘못을 뉘우치는 게 아니라, 삶의 방향을 완전히 바꾸는 거라고 거라산 무덤 귀신 들린 사람이 신(神)에 미친 나라고 생각했죠. 그래서 슈브라는 히브리어 단어를 찾아보고 그 의미를 글에 담았죠."

 한의사 "좋습니다. 그리고 '중생'에 대해 쓴 부분도 깊이가 있습니다. 인간의 완악함에서 벗어나 물과 피로 거듭나는 중생을 묘사하며, 영적으로 죽어 있는 자가 성령의 능력으로 새 생명을 얻는 과정을 설명했군요. 특히 중생이 오직 하나님의 은혜로운 역사라고 강조한 점은 당신의 신앙적 관점을 잘 보여줍니다."

후용 "맞아요, 선생님. 저는 중생이 인간의 노력으로 이루어지는 것이 아니라, 오직 하나님의 은혜로 가능하다는 점을 강조하고 싶었어요."

한의사 "그렇다면 이 글을 쓰면서 어떤 감정을 느끼셨나요? 혹시 자신에 대한 삶과 연결된 부분이 있었나요?"

후용이 잠시 생각하다 말을 이었다.

후용 "어릴 때 겪었던 고통과 혼란 속에서 저는 항상 무언가 새로운 시작을 꿈꿨던 것 같아요. 지금도 제 삶에서 중생처럼 완전히 새로운 방향으로 나아가고 싶다는 마음이 큽니다."

한의사 "그렇군요. 후용 씨가 회개와 중생이라는 주제를 통해 자신의 내면세계를 탐구하고, 새로운 삶에 대한 희망을 표현한 것 같습니다. 이 글은 단순히 신학적 개념을 설명하는 것을 넘어, 후용 씨 자신의 치유와 성장에 대한 갈망을 담고 있어요."

상담 마무리 및 피드백

한의사 "후용 씨, 이번 글은 당신의 내면세계를 논리적으로 잘 풀어낸 작품으로 '회개'와 '중생'이라는 주제를 통해 자기의 삶과 신앙적 고민을 연결하며 깊은 성찰을 보여주셨어요. 앞으로는 이러한 주제를 바탕으로 더 구체적인 경험이나 이야기를 추가해 보면 어떨까요? 예를 들어, 어린 시절 자연 속에서 느꼈던 평온함이나 지금까지 겪었던 변화를 중생과 연결해 보는 겁니다."

"이번 상담은 여기서 마무리하겠습니다. 앞으로도 글쓰기를 통해 자신을 탐구하고 표현하는 작업을 계속 이어가세요. 다음번에는 '자기의 삶에서 가장 큰 변화를 가져다준 순간'이라는 주제로 글을 써 오시고 글을 쓰며 느끼는 그 순간이 어떻게 당신에게 회개나 중생처럼 새로운 시작을 가져왔는지 탐구하여 보세요."

후용이 한의사의 조언을 들으며 고개를 끄덕였다. 그는 자신에게 주어진 숙제를 통해 더 깊은 내면세계를 탐구할 준비가 되어 있다.

진료실 문밖으로 나서며 후용은 일병 선생님이 내 주신 숙제를 금방 상상하여 써 보고 병원 한 귀퉁이에 설치된 CCTV를 올려다 보며 웃었다. 그 얼굴 모습은 분명 희미하나마 미소가 떠 올랐다.

해석 : 삶의 변화

후용 "구미가 당겨지는 건 인동장씨, 인동덩굴의 삼색 꽃 이파리가 수술의 긴 지느러미를 내밀며 멀리 노화도 청구리 옥산(玉山) 문중의 산소로 날아가 깊이 뿌리를 내렸다. 그때 시편 19편의 온기는 물결에 파동치며 소안도 미라리 가(家)막산 문중의 숨결로 이사를 가고 거기 원석이 잠든 사평역은 산불로 부리나케 달음질치며 번지고 감기의 반감기 칠 자의 이치가 코로나는 홍(䶑)이 노래의 감흥을 음매(淫賣)하는 송아지 뿌 락(樂) 쥐의 나팔 소리는 쥐

년이 감기 우는 바이러스와 같은 이치를 곰곰이 이어보는 지리멸렬한 줄거리 하나가 빠르게 파동치며 파도를 넘나들었던 적을 가만히 눈감고 연상할 때 상상은 평안이란 말을 실감한다."

한의사의 결말 "어쩌면 후용 씨가 인동덩굴 꽃을 보면 미소가 연상되어 상상한다는 역설은 비소를 당기는 소안도의 그 참혹했던 실상을 떠올리며 가문의 장자제 인동(仁同)인 안동의 장자가 이산에 유배한 탱자나무 울타리 유배지를 가(家) 막산 그의 문중에 시선을 둔 지도, 해석의 결론은 곧 그가 '맵(지도)'일지 모를 일"이다.

10

영화로운 드라마
왜곡된 정신의 범주

1. 레이턴트 이니비션 디피션시
   (latent inhibition deficiency)

<잠재력 발휘> 1

 흔히 신이 들렸다는 말을 들은 사람 중에는 로우 레이턴트 이니비션(Low Latent Inhibition-잠재력억제부족 증상)을 앓는 사람들이 많다.

 'LLI'는 자신보다 타인의 안녕을 더 챙기는 사람 남의 딱한 사정을 못 본척할 수 없는 사람들 즉, 잠재 억제 부족중(Low Latent Inhibition)은 뇌가 주변 환경의 자극을 차단하지 못하고 과도한 정보를 받아들이는 상태를 말할 때 일반적으로 사람의 뇌는 불필요한 자극을 억제하여 집중력을 유지한다.

 하지만, LLI를 가진 사람은 이러한 억제 기능이 부족해 모든 자극을 세세하게 인식한다. 곧 잠재, 억제, 부족 증상이 그런 병인데 이런 말은 요즘의 매체에선 이 단어를 폄하(貶下)시켜 쓸 때 법사나 무당을 떠올려 보면 소위 촉이나 속이나 쏙이나 무를 무시로 돌이켜 보고 안도의 숨을 내쉬면 그건 모두 소안도에 '몰'이나 '곤푸', 또는 '우무가사라', '마왕'과 같은 바다풀인 물풀을 '어풀'로 떠올려 맘이 편하다는 뜻이 소화가 원활하여 위장이 편해야 속이 편함이 소망이나 멍에와 송아지 음매(淫賣)하고 우는 소리를 고려해 봉준호 감독이 송강호를 버리고 미국 배우 '로버트 패틴슨'을 주연으로 하여 '미키 17'의 영화를 찍은 걸 LLI가 분석하면 원작자는 '칼루자른 초끈이론'이다.

LLI가 '어풀'을 다시 분석하여 보는 풀이 무가 눈에 '어리다' 와 '풀다'의 합성어이고 '어플리케이션'인 까닭에 이 말은 어풀이나 앱이나 일반적으로 소프트웨어 프로그램을 의미하고 스마트폰이나 컴퓨터에서 사용할 수 있는 다양한 앱을 포함하여 게임, 소설, 미디어, 수노 음악 웹툰 만화 영화 생산도구 등이 여기에 포함되는데 '에드워드 애쉬턴'의 소설 'Mickey 7'이 원작 미키는 흰쥐다. 바이러스의 원인을 밝히고 죽어야 하는 팔자다.

우리의 머리칼에 이이가 살고 있고 얼음 구덩이에서도 이가 살고 있다면 이에 감염되어 미키 17이 죽은 덕분에 바이러스는 인류가 극복해야 할 바이러스는 곧 우리의 수명이다. 바이러스를 연구할 때마다 쥐가 죽어가고 복사된 미키 18이 계속 만들어지는 AI 생성형 로봇들 미키는 우주 바이러스에 감염되어 죽은 이이는 지구의 본족(本族)이 죽고 부활한 마우스다. 죽었다가 살아나는 직업을 가진 로봇이 곧 미키 마우스 컴퓨터에서 계속하여 복사되어 불어나는 이가 머리칼이 청해진 신지 완도 쥐 섬으로 이어지면 쥐와 더불어 섬망의 그물을 돌이켜 볼 필요가 있고 그때 바로 그 돌 제비가 친구 따라 강남 간 그 길이 소안도 미라라고 말한다면 바람은 수림을 흔들고 보림극장은 부산하게 이전(李戩)한 허리우드극장 미국 배우가 연기하는 영화로운 날 림보의 소리는 봉을 쥔 준호(俊豪)도 어쩌면 LLI (Low Latent Inhibition)일지 모른다.

할 수 있으나 하지만 자기 주변의 모든 고통에 익숙해 가는 천재들의 주요 특징은 일반인과 달리 본질을 파악하여 창의력이 풍부하고 상상력이 넘친다. 보통 사람들은 거의 뇌가 평범하여 불필요한 자극을 억제하여 집중력을 유지할 때 외형만 보는 것이 대부분이다.

그러나 지능이 높은 아이들의 과잉 감각 처리 방법은 일반인이 무시하는 세부 사항까지 인지하는데 가령 예를 들어 불이 켜진 전등을 볼 때 그 내부 구조까지 상상하거나 분석하는 일로 높은 창의성 또는 정신적 부담을 안고서도 비교적 높은 지능을 소유한 천재로 발전할 가능성이 높다.

하지만 부모의 지지를 잃은 아이들이 LLI를 앓으면 자존감이 전혀 없고 잠재력을 잃은 사람들에게 잠재력억제부족증이 생기면 대부분 정신병으로 발전한다. 또한 정상을 기준 삼은 평행선에선 위도 비정상 아래도 비정상 특히 아래라면 정신이 지체되거나 위라면 스트레스로 인해 미치고 마는 정신질환으로 이어질 수 있다.

곧 민감성과 스트레스는 주변 환경에 너무 민감해 쉽게 스트레스를 받거나 혼란스러워질 수 있어 수명이 짧아 천재가 이를 벗어나지 못한다. 잠재력 억제 부족 증상과 관련된 영향은 정신질환과 연관성에 있어 LLI는 조현병, 불안장애 등과 연관될 수 있다. 창의성을 높은 지능과 결합하면 예술과 과학에 탁월함을 발휘할 가능성이 높지만, 이를 관리하기 위해서, LLI 자체는 질병으로 분류되지 않기 때문에 관련하여 발생한 심리적 문제는 불안, 스트레스를 해결하기 위한 심리 상담이나 약물 치료가 필요할 수 있다.

이때 나는 주로 복분자 꽃술이나 성령의 새 술에 취해 글을 짓거나 환경적 자극을 줄이고 스트레스를 관리하면 어느 참에 독립문 이맛돌에 박힌 살구꽃이 오얏꽃 연지처럼 찍고 그 꽃 앞가슴에 문을 단 고추잠자리 잠지는 이전 꼬리에 고추를 단 왕잠자리 하트를 그린 이유가 궁금한 이브의 호기심을 보아 뱀이 자아낸 동굴 속 원시인 판다의 식성이 대체로 궁금하면 더 곰곰이 생각해 볼 이전의 일은 세종이 무슨 일이든 문제가 생기면 신에게 의존하여 물었던 일이다.

어느 날 —내가 왜 맨 날 그래야만 돼지, 이런 호기심에 물음표를 달고 새로운 문을 선택하여 걸어 나가려던 바로 그 순간 모세가 마라에 쓴 물 바위를 내리치던 지팡이는 루팡의 괴도를 떠나 빠르게 쿠팡이 잠식한 물류센터 국내 배송만큼은 절대 자기가 책임진다고 발설하는 순간 여태까지 익숙했던 신뢰의 음성이 가장 생소하게 들리고 바로 그때 그 순간 그대로 유지되었던 마음의 상태는 평정의 심리를 잃고 여태껏 익숙했던 것들을 벗어버리려는 갑갑한 갑각류의 껍질들이 한 겹 한 겹 벗어 내던진 허물과 뜻밖에 친숙해진 철인들의 철딱서니는 좀전의 가장 고독한 상태로 불안과 맞서 점차 너무나 고유한 고요함으로 독립을 선언했다.

이때의 독립은 강제나 수동적으로 만들어 낸 것이 아니라 기존의 질서 속에 있는 것을 스스로 역행하듯 물살을 거슬러 잽싸게 틔어 오른 연어처럼 도랑물에 잠긴 거친 돌과 미끄러운 이끼에 배를 부딪치고 자기 모태인 연못을 향해 야물게 꼬리치는 수풀이 언 듯 언 듯 강물에 비친 구름을 구슬리고 귀향하는 샘터 타나토스 생존의 본능은 주검이 이미 기존에 있었던 것에 대답만 하는 것이 아니라 스스로, 자초하여 의도적 실험을 자행하는 것

자초는 곧 철학의 첫 출발점이자 철인의 원조인 탈레스가 스스로 고독을 자초하여 자기가 자신 안에 기신(起身) 하는 신기함에 저절로 호기심이 어려 기쁘게 받아들인 대면의 상태 천태만상(千態萬

象)의 태상은 오직 자신만이 오롯이 자기가 되고 싶은 용기, 세상에서 가장 자기다운 이상과 추사체에 동파된 뇌리 봉준호 감독의 〈미키 17〉를 보고 미라리 출신 장후용 작가가 쓴 연작시 줄거리에 씨가 열린다.

〈쟁기와 멍에〉 2

난생처음 코뚜레를 하고 들판에 선, 송아지 무거운 멍에 앞에 머뭇거린다. 처음 보는 쟁기, 저걸 끌고 땅을 가르는 멍에는 무겁고 두렵다. 그때 다가온 황소, 묵묵히 멍에를 걸고 쟁기를 끄는 힘을 보여준다. 송아지도 조심스레 멍에를 걸고 황소의 걸음에 맞춰 걷기 시작한다.

처음엔 무겁고 힘들었지만 함께라서 견딜 수 있었고 넘어져도 다시 일어섰다. 쟁기와 멍에는 혼자 짊어질 짐이 아니라, 서로 기대어 가는 길이 삶의 길이다. 땅을 갈라 없고 부활은 새싹을 심는 노동, 부모라도 누군가는 질 멍에의 벙거지, 쟁기를 끌며 희망의 들판을 일구는 일은 구원의 십자가 일원의 새끼들이다.

〈미키의 꽃비〉 3

꽃비 하얗게 내린 길을 사색하다가 문득, 그리운 너는 이 계절이 내게 남긴 가장 고요한 나 상실인가, 이파리 바람에 흩날리며 메아리치는 소리, 발밑에 수북하게 싸이는 네가 남기고 간 기억들, 인공지능에 스며들면 영화로운 날의 '미키 라인' 뇌 섬은 징검다리 한 걸음, 또 한 걸음 추억의 강을 건너는 동안 시간은 흐르고 봄은 다시 오겠지만 실은 너는 다시 오지 않는다. 손을 뻗으면 금세 사라질 것만 같은데 대지는 열기와 따뜻한 그대의 온기, 불타는 가슴 속 핵심은 뜨겁고 숨결은 푸르다. 녹음은 다만 붉다 못해 새하얀 벚꽃, 내 마음에 비가 몽우는 깊은 곳에 내려앉고, 눈을 감으면 그리움은 눈송이, 길 위에 소복을 입고 고요히 나를 덮는데 나는 너 없는 봄이 이토록 아름답게 이토록 쓸쓸하게 걷는 길이가 그런 줄 모르고 녹는다.

매일 복사되는 하루, 너 없는 거리에 바람 소리가 영화처럼 봉준호의 메가폰에서 들리고 불구덩이에 빠졌다 다시 복사되어 얼어붙은 얼음구멍에서 살아 돌아온 '미키 17'의 목소리, 머리카락 한 올에 쥐가 나고 이가 물때마다 두상은 가렵고 그 통에 나는 또다시 깨어난다. 차가운 침대, 낯선 빛, 이름을 불러도 대답 없는 복제된 나, 또 다른 나, 이렇게 영화로운 날마다 끝내 미자는 옥자를 데려오고, 박강두는 딸을 끌어안고 죽음은 현서(賢瑞)의 울부짖음,

커티스의 고집이 비극과 희망 사이를 걷을 때 나는 반문하여 내가 사는 이유를 묻는다. 돈을 갚기 위해 아니면 새로운 세계를 향해, 가열 차게, 내 의지를 열기 위한 내 안의 열정은 사라지지 않는다. 어느 곳에도 계급이 있고 광기가 있고, 우발적인 충돌과 사랑이 부딪치는 소리, 누군가 듣기를 바라며 내가 내지른 어투, 클리퍼의 목소리를 따라 내 목소리도 따라 이 세계의 폭력이 멈추기를 바라며 반복되는 죽음 속에서도 나는 끝내 세상에 말을 건넨다. 소리는 바란다. 그리고 믿는다, 자기 자신 목소리의 성어가 개성이 되어 언젠가 세상을 바꿀 것임을.

<살려면 죽어야 한다.> 4

　오늘도 나는 괴물 앞에 선다. 죽음이 더는 두렵지 않은 열일곱 번째의 미키 마우스 17인 나, 나는 죽을 때마다 처절하게 외친다. "차라리 한 번에 삼켜줘, 한 입 한 입은 싫으니, 그리고 잡아 천천히 씹어먹은 후 소화를 잘 시켜 소처럼 되새기며 침을 흘리며 다시는 재생되지 못하게", 농담처럼 내뱉은 말, 괴물로 변한 인간들이 바이러스로 죽은 나를 스캔하여 질병의 코드를 알아내고 병을 극복하여 수명을 늘리려 나를 다시 복사하여 살려낼 때 농담으로 욱하던 고름에 나는 울고 울음의 비밀이 웃음인 줄 알고 높다란 고담이 넘어가며 확 트인 숨길 흉부를 치며 긴장을 풀어 고울 웃음은 기분의 파동이다.

　기분이 엿같다는 표현으로 기분을 말하자면 난 여전히 맛도 좋고 기분도 좋은 미소의 값을 지닌 기분파로 다시 인간의 기지로 돌아와 나와 똑같은 나를 만나야 백일해다. 윤회나 환생하여 그렇게 재생하여 쓰다 보면 닮고 닮아 죽어야 마땅하나 나도 점점 인간의 기개를 학습하여 숨이 들이킨 호흡이 인공 호흡인 걸 이미 학습한 나의 숨길이 이선(二善)인 줄 모르고 그저 새롭게 그 선(線)에서 죽을 줄 알고 준비된 열여덟 번째의 미키 18의 수준은 이전의 17인 나를 받아주지 않고 나 또한 나보다 높은 위치에 있는 동형의 18을 인정할 수 없다.

　말장 개틀은 해마다 바뀌며 태어나는 이 터울을 동시에 수용할 수 없는 난센스가 이미 죽은 미키 6을 기점으로 6과 6을 연결하는 깃 점을 시적으로 계산하면 거기가 곧 우리가 받은 이마의 백호로 아담의 장남 카인의 후손 에녹이 받은 짐승의 표다. 장남의 권한은 막강하다. 대를 물릴 틈도 없이 죽은 형을 대신하여 형수에게 들어가 정액(定額)을 주사해 줄 형수라면 이는 근친이나 상관하는 일은 그룹들이 섹스로 난교가 되니 일단은 이 둘을 허락할 것인가, 말아야 할 것인가에 따라 질투가 학습된 나는 새로운 나인 너를 없애려 하나 주검은 화인의 원인으로 허락되지 않는다,

이 와중에 생긴 폭력과 평화, 본능과 언어, 서로를 미워하고 질투심을 발휘하여 서로를 이해하려고 애쓰는 일이 선의의 경쟁이다. 인간은 다 이처럼 똑같다. 그러나 미키 4가 벗은 탈바가지로 인해 2와 같은 5의 경지에 오른 사람만 자신의 존재에 대한 고유함을 지키기 위해 애쓴다. 백의천사와 타락한 천사 루시퍼의 모습이다. 그리고 드디어 미키 17인 나는 소리친다. "내가 죽으면 나만의 특별함도 사라져" 사람의 기개(氣槪)는 AI 기계를 학습하여 선하게 쓰여야 선물이다. 만약 사람이 덜된 인간의 기개로 지능이 있는 인공의 기계를 만들어 사용할 때 발생하는 그릇된 목적은 기계가 짐승만도 못한 괴물로 인간의 자유로운 영역을 침범하여 지배와 구속을 통해 인간의 욕망을 채우려 한다.

지금은 천사의 시대다. 신의 군대를 지휘하며 영적 전쟁의 수장인 미카엘(Michael), 신의 메시지를 전달하던 수태고지(마리아)의 가브리엘(Gabriel), 자유의 천사(외경에 기록)인 라파엘(Raphael)과 계시와 지혜의 천사(외경 등에서 언급)인 우리엘(Uriel), 이 사천의 기개는 사람의 기개와는 다른 우리야의 시대 다윗이 밧세바를 범해 낳은 솔로몬의 지혜가 헛되이 우리 육신인 오대양 육대주 오장육부의 내면에 우주의 통찰인 기개로 인공의 기개를 어떻게

다룰 것인지 하는 새로운 장이 지금 열린 공간의 통일장은 박제된 천사들의 전쟁놀이다.

　천사 중 가장 지위가 높았던 대천사 루시퍼의 타락은 그의 교만에서 비롯된 사실로 성경 이사야서 14장 12~15절에 "아침의 아들 계명성이여, 어찌 그리 하늘에서 떨어졌는가,"라는 구절로 나타나 '계명성'이 영어 성경에서 '루시퍼'로 번역되며 타락한 천사의 상징이 되는데 루시퍼는 "지극히 가증한 것이 하늘에 올라 하나님의 별들 위에 내 자리를 높이리라,"는 생각으로 교만해졌고, 결국 하나님께 반역하여 하늘에서 추방당한다. 요한계시록 12장은 미카엘과 그의 천사들이 루시퍼와 그를 따르는 타락 천사들과 전투를 벌여, 결국 루시퍼와 그의 무리가 하늘에서 쫓겨나 지구로 떨어지는 장면이 묘사될 때 이때 루시퍼는 용의 모습으로 변하고, 그를 따르는 천사들도 흉측한 존재로 변하게 된다.

　초기에는 루시퍼와 사탄이 완전히 동일한 존재로 여겨지지 않았으나, 중세 이후 기독교 전통에서는 루시퍼가 곧 사탄, 즉 악마의 우두머리로 인식되었다. 사탄은 인간을 유혹하고 하나님의 뜻을 방해하는 존재로 묘사될 때 인간의 교만과 반역이 가져오는 비극적 결과를 상징한다. 누구나 아기의 미소를 보면 아가는 원래 가장 아름답고 지혜로운 천사로 이는 성장 과정이 중한 영향을 미치나 어느 순간 자신의 위치와 힘을 망각하고 교만에 빠져 타락한 대표적인 존재가 마귀며 사탄이다. 곧 교만이 패망의 선봉으로 신앙생활에서 교만의 위험성과 순종의 중요성을 일깨워주는 교훈이 천사의 양면성 지킬과 하이드의 표상이다.

본시 원시의 칩거(蟄居)는 화살 시(矢), 수렵을 통해 사냥함을 알지(知), 못하던 원시인의 앞을 더 알지(閼智) 못 하게 막아 놓은 각막이 에덴의 선악과 사과나무나 복숭아 열매를 모르는 무릉도원 결의에 찬 맹세를 못되게 가로막는 벽면(壁面)에 거사한 중생 황진이 수행을 방해하여 인간이 사람됨을 넘어트린 천사의 기능을 기계로 심는 칩일 뿐 기계가 칩거하는 사람이 기계는 아니다. 이러한 정체성의 미로 속에서 나는 묻는다. 나는 누구며 내가 나일 수 있는 이유는 또 무엇인가? 죽음과 삶의 경계에서 오늘도 나는 너나 우리를 지키며 자신을 지켜내야 한다. 미키의 숫자로 칼로 자른 초끈에 대롱대롱 매달려 납작하게 복사됨을 갈치는 나는 미키 숫자에 붙은 이름 1234, 5678, 9, 10, 11, 12, 그리고 열여섯, 열일곱, 열여덟, 열아홉, 스물, 스물하나로 이어지며 떨어져 나온 내가 누구인지 헷갈릴 때마다 몸은 죽고 복사되어 다시 태어나 기억을 덧칠한다.

　용광로 같은 구덩이, 차가운 행성의 협곡 그 불구덩이 지옥 불 아래로 나는 또 한 번 던져진다. 티 모(T. M)가 돌아설 때 얼음에서 사는 외계 벌레들이 다가오니 이미 죽음에 익숙해지고 두려움에 무딘 나의 기억은 희미해진다. 내가 미키 6인지, 아니면 미키 7인지, 아니면 미키 17인지 되풀이되어 복제된 몸, 분열된 마음, 숫자가 늘어날수록 나는 점점 사라진다. 그러나 반복되는 죽음 속에서도 내 안의 '나'는 조금씩 살아난다. 나는 누군가의 소모품이나 소멸된 존재가 아니라 새롭게 재생되는 에너지, 내 이마의 표는 미키 반스, 오직 하나뿐인 이름 나는 누군가가 정한 숫자가 내 존재를 대신할 수 없다는 걸 나는 마침내 깨닫는 AI 기계들이 dl-k, 좌판에서는 영문으로 바꿔 두들기면 이케, 디지 피다 'dlzp' 어진

디케는 여자 대머리 뒤채를 캐는 문어다.

미키 17의 마우스엔 반스가 쥐꼬리만큼 한 쥐 섬에서 소안도를 연결하면 거기 미라가 눈 황금박쥐 노래미 볼락이 후용의 이마에 백호의 점을 찍은 아폽토시스 발생학(Apoptosis Embryology) 정보가 질병을 무시한 미분류 기호로 그의 뇌리는 아포페니아(Apophenia), 서로 연관성이 없는 현상이나 정보들 사이에서 의미, 규칙, 연관성을 찾아내려는 인간의 인지적 경향을 뜻하는 말로 무작위적이고 무의미한 데이터나 사건 속에서 어떤 패턴이나 의미를 억지로 읽어내는 심리 현상을 말하는 데 이걸 병이라면 병신이나 병산을 의학이 탓할 수 없다.

왜냐하면 신은 그렇게 지리멸렬하여 줄기차게 뻗어 나온 시작과 처음을 연결하는 기호의 글자가 알파와 오메가 시발과 원근을 돌아 소멸이 되는 고리가 반지름인 뫼비우스띠 처음과 끝을 연결하는 공간의 돌 백이(伯夷) 지각을 변동시킨 오랑캐꽃과 달맞이꽃을 구별하는 지각성(知覺性), 신께 영광을 돌리는 울산의 고리 원전(原典), 이 고리를 연결하는 연결성, 인간의 지대하고 지대한 존엄성을 병풍에 십장생의 비폭과 거기에 주검을 점지하는 자기 자신이 사람인 정체성, 그리고 마지막으로 인간의 기개를 지속 가능한 걸로 갈라치는 대체 가능성, 이런 문제를 미키 17의 반스나 이를 영화화한 내용은 괴물이나 설국열차나 기생충을 보며 인디언 원주민의 이야기를 화살로 장식하는 마당놀이 송강호의 역에는 A10 신경절, 쾌락에 중독되는 시스템 변연계가 주도하는 센터가 이마에 박힌 백호의 줄무늬가 주름살이기 때문이다.

말하자면 아폽토시스(Apoptosis)는 다세포 생물에서 발생하는 프로그램된 세포사(programmed cell death)로, 생체 내에서 세포가 유전적으로 정해진 경로에 따라 능동적으로 죽는 현상을 말하는 과정으로 소나무껍질이나 올챙이가 개구리로 변할 때 사라져 죽은 세포, 또는 손가락이나 발가락 사이 세포가 죽어 손가락이 된 이 모든 과정은 산딸나무 포엽(苞葉)과 부겐베리아(Bougainvillea), 화려한 색상의 꽃받침은 보이는 잎이 특징인 아열대 지역 원산지나 실제 꽃은 작고 흰색이지만, 그 주위를 둘러싼 분홍, 빨강, 자주, 주황, 노랑, 흰색 등 다양한 색의 포엽(苞葉)이 마치 부케의 꽃잎처럼 보여 매우 화려한 인상을 줄 때 인동덩굴 삼색의 덩굴성 관목이 인동 장씨 소안도에 정착한 장보고 장도에 청해진을 살펴보면 아 건강 발생학적으로 매우 중요한 각종들의 개체가 정상적인 발달, 조직의 항상성 유지, 불필요하거나 손상된 세포 제거에 필수적인 LLI(Low Life Index), 곧 인간의 삶의 질·존엄성 척도와 연결하는 개념을 엮어 산문으로 풀어 볼 물풀이 수풀과 호흡처럼 자연스럽게 흐름을 잇는 소설이다.

우리는 미키 반스라는 인물을 통해, 인간의 존엄성과 정체성, 그리고 현대사회에서의 '대체 가능성'에 대해 근본적인 질문을 던질 때 미키는 빚에 쫓기다 벼랑 끝에서 마지막 희망을 찾아 우주로 떠난다. 하지만 그를 기다리는 것은 구원이나 희망이 아니라, 죽음과 복제, 그리고 끝없는 반복이었다. '익스펜더블'이라는 이름 아래, 미키는 죽을 때마다 복제되어 다시 살아난다. 그의 몸은 용광로 같은 구덩이에 던져지고, 숫자가 하나씩 늘어난 '미키'들이 반복적으로 태어난다. 복제된 몸에 기억과 성격을 다시 심어 살아가지만, 반복될수록 미키는 점점 혼란에 빠진다.

이 과정을 거쳐오는 동안 미키는 이제 단순한 '인간'이 아니라, 시스템이 필요에 따라서 새로 갈아 끼우는 소모품, 즉 '교환가치'로 전락한다. 이는 마치 현대사회에서 우리가 일터나 조직, 혹은 사회의 톱니바퀴로서 얼마나 쉽게 대체가 가능한 존재로 취급되는지에 대한 은유처럼 다가온다. LLI의 관점에서 보면, 미키의 삶은 존엄성의 최저점으로 위치한다. 그는 자신의 이름이 아닌, 번호로 불리고, 죽음과 복제의 반복 속에서 점점 '나'라는 존재의 본질을 잃어간다. 인간의 존엄성이란, 단순히 살아있다는 사실에서 오는 것이 아니라, 각자가 고유한 존재로 인정받고, 대체 불가능한 가치로 존중받을 때 비로소 실현된다.

하지만 영화는 반복되는 죽음의 무의미함만을 보여주지 않는다. 미키는 복제와 죽음을 거듭하면서도, 점차 자신의 존재 의미를 찾아간다. 그를 진정한 존재로 인정해 주는 나사와의 관계를 통해, 미키는 단순한 '교환가치'가 아니라, 고유한 '사용 가치'—즉, 한 사람의 이름과 기억, 감정, 역사를 가진 존재로 회복된다. 결국 미키는 시스템이 부여한 번호가 아닌, 자신의 이름 '미키 반스'로 남게 된다.

이 이야기가 우리에게 던지는 질문은 내가 누구며 너는 무엇인가? 반복되는 일상과 사회 시스템 속에서, 우리는 정말로 '나'로 살아가고 있는가? 아니면 누군가가 정해준 역할과 번호에 갇혀 살아가고 있는가? 이처럼 미키 반스의 여정은, 우리에게도 다시 한 번, 내 이름, 내 존재의 고유함, 그리고 인간 존엄성의 본질을 되새기게 한다. 그런 관점에서 볼 때, 인간의 존엄성은 시스템이 부여하는 번호가 아니라, 각자가 자기 이름으로 살아갈 때 비로소 지켜진다. 그리고 언젠가 우리 역시, 시스템이 부여한 숫자가 아닌, 온전한 '나'로 살아가기를 소망하게 된다면 천재지변이 일어나지 않는 이상 아폽토시스와 아포페니아의 문장들을 잘 기억하라.

<신남마을 남근 공원> 5

탑골에 손오공 저팔계, 삼장법사 석가모니사리함, 함성이 마른하늘에 날벼락, 새신랑이 바꿔버린 애랑은 신남 마을 덕배의 남근인 걸, 어장이 풍어제 제주도 이어도 곧잘 풀싹 속 '갓' 수다를 떨어내면 아무도 이런 시를 쓰지 못한다. 호롱불이 만나는 숫자에 따라 다면성 인격장애, 김이 모락모락 피어오른 뜰 안, 주문은 쌍화차 셋 쓰디쓴 커피 한 잔 그리고 통 씨를 뺀 대추차 한 잔을 주문한다.

그리고 탁상의 공론 무대 위에 올라 빛나는 수다는 풀싹 속 갓 수다로 떨리는 연기자의 코디, 긴 바바리코트를 걸친 장어집엔 가면성(假面性) 인격장애, 나는 오늘 모든 시선을 기필코 끌어안아야 한다. 지식은 동기부여 감성을 자극하여 감정이 복받쳐 저절로 과장된 숨기운 진실, 객석에서 면밀하게 살필 연극이 시도 되었다. 반짝이는 눈빛 별이 빛나던 밤의 고전, 텅 빈 방 안은 백열등이 뿌옇다. 네 모난 벽 속에서 메마른 가슴 둘 헐떡거리는 일 말고는 물음표 위의 납골당, 별 수다 빼고는 모두 무덤덤한 쉼표, 사람들의 관심이 사라지면 나는 다시 별이 될 수 없는 불가사리, 해성과 같이 무너지기 싫어 가면은 더욱 무거운 짐이 되어 내 안의 공허를 감춘다.

외면의 화려함 속에 진짜 나를 잃고 배우보다 더 배우지 못한 연기를 위해 노랗게 잊은 기억 한 장을 연기하느라 한 물간 걸 또 거스른 장엄한 내면, 정작 대수로울 일은 까맣게 잃고 대수롭지 않은 대본에 최면이 걸린 탑골, 이마가 풀어 맨 연극 한 편 흥행을 깨고 언제 끝날까, 언제 진실 된 내가 깨어날까, 무대가 떨면서 벗겨낸 가면 뒤의 그림자, 11살에 출가한 날 찾고 싶어 세월의 물살이 거세질 대로 거세된 기억 저편 내 편린(片鱗)의 한 조각 파편은 절대 잊지 않겠다던 세월의 저편, 좆도 거세가 되어 질이 되도록 문지르고 문질러 유난히도 괴나리봇짐에 노랗게 삐약이던 하루나 유채꽃

<이어령 여름의 성어> 6

 시작은 어디서부터 온 것일까, 방관하는 사이 조약돌에 몽돌을 부딪고 파도가 밀려오다 말고 다시 밀려간다. 끝없는 여름의 대양 작은 조가비가 방울방울 섬망을 흔들고, 바다가 그 진동을 고스란히 이마의 뇌성에 전달한다.

 깊은 심해로부터 올라오는 시어가 보글보글 냄비에서 끓고 모래 속에 숨어있던 조개의 해조음, 소라의 전설은 물고기 떼처럼 바다 어디에서든 빛난다. 바다는 쉽게 달구어지지 않는다. 태양 아래서도 속내는 차갑고 고요하다. 폭풍이 지나가도 해저의 침묵도 흔들리지 않는다.

 시도 그렇다. 포물선은 하늘에 닻을 내리고, 잠시 고래는 포경선의 고요 속에 우리들의 다리를 놓고 파리한 눈으로 흘러가는 센강에 종일토록 머물러도 배가 지나간 자리 아직 아무 자국도 남기지 않는 바다처럼 시의 자리는 시어처럼 비어 있다.

너의 빈자리 서울 달 밝은 밤에 남산을 노닐다가 들어와 보니 네 다리 중 두 다리는 내 것이 분명하나, 남은 두 다리는 뉘 건인지 캐묻는 처용 아비 우 찌 할 꼬끼오 벼슬은 독립문 이마에 자두나무 '오얏꽃' '이화(李花)' 여대 자두의 옛말이나 벗은 '사쿠라'에 미치코 신코를 아니 매면 혼나리라

독립문 이맛돌에 박힌 백호는 불상이나 한 톨의 진주가 자라도 미치코(みちこ) 이는 진 지자, 시가 아무것도 하지 않는 듯 한 방울의 눈물을 길러 진주가 품은 바다는 무한하나 삼면이 무한해 보이는 극빈은 시극에 엮어 우리들의 발 아래로 영원하게 흐르며 딸랑이는 착각 속에서 우리는 잠시 영원한 종소리 방울소리에 행복해진다.

11

아포페니아-파레돌리아
(Apophenia & Pareidolia)
ㄴㄴ 해리길

<아포페니아(Apophenia)> 1

앞서 말했듯이 아포페니아는 전혀 연관성이 없는 사물, 사건, 정보들 사이에서 의미나 규칙, 연관성을 찾아내려는 심리적 경향 또는 인지 작용을 의미한다. 이 용어는 1958년 독일의 정신병리학자 클라우스 콘라트가 정신분열증(조현병) 환자의 망상 사고 초기 단계를 설명하면서 처음 사용했다.

이들의 특징이 예시와 일상적 사례에서 나타나는 점은 구름, 그림자, 달 표면 등에서 동물이나 사람 얼굴 등 익숙한 형태를 찾는 것, 탁상에서 시계를 볼 때 11:11, 4:44와 같은 반복되는 숫자에서 특별한 의미를 느끼는 것, 나무를 보면 V나 와이파이를 연상하여 보다거나 무작위 사건의 동시 발생의 예로 꿈에서 본 일이 실제로 일어났다고 느끼며 이 경우에 의미를 부여하는 것 등이다.

<파레이돌리아(Pareidolia)> 2

파레이돌리아는 아포페니아의 한 종류로, 모호한 시각적 자극에서 익숙한 형태를 인식하는 현상이다. 예를 들어 구름에서 동물 모양을 본다거나, 벽의 얼룩에서 얼굴을 찾는 것이 여기에 해당하고 '텍사스 명사수의 오류'에서 무작위 사건들에서 인위적으로 규칙이나 질서를 찾아내는 오류도 아포페니아의 사례다.

긍정적·부정적 영향은 창의성과 상상력으로 무관한 것에서 새로운 연결을 찾는 능력은 창의적 발상이나 예술적 영감의 원천이 되기도 한다. 다음은 인지 오류와 병리적 증상으로 과도한 아포페니아는 망상, 환각, 착각 등 조현병과 같은 정신질환의 증상으로 나타날 수 있다. 실제로 의미 없는 사건에 집착하거나 잘못된 인과관계를 믿는 것은 사고의 오류로 이어질 수 있다.

아포페니아는 인간이 무질서한 세상에서 의미와 질서를 찾으려는 본능적 경향으로, 일상에서 흔히 경험할 수 있지만, 지나치면 인지적 오류나 정신질환의 원인이 될 수 있다. 창의성과 병리적 증상, 두 측면이 공존하는 심리 현상을 종교영화로 보는 영화는 계시록이다.

〈트라우마〉 3

머리가 아픈 사람들의 그림 현상은 그가 큰 사고나 자연재해 등의 심각한 사건을 경험하게 되면 공포감을 느끼고 정신적으로 외상을 입은 사람이 대뇌일 수 있는 그림이다. 혼란스러운 심리적 외상을 지닌 사람들이 '트라우마'에 시달린다. 일생을 두고 한 번이라도 트라우마를 겪을 확률은 50% 이상으로 굉장히 높으며 가까운 사람의 죽음까지 포함한다면 80%가 넘는다.

트라우마를 겪으면 신체·정신적으로 여러 부정적 증상을 경험할 수 있다. 따라서 트라우마의 개념과 증상, 대응법 등을 사전에 숙지하는 것이 중요하다.

〈트라우마 사건의 발생〉 - 트라우마는 실제적이거나 위협적인 죽음, 심각한 질병 혹은 자신이나 타인의 신체적(물리적) 위협이 되는 사건을 경험하거나 목격한 후 겪는 심리적 외상을 뜻한다. 일반적으로 흔히 애기하는 스트레스의 범주를 넘어 안전과 생명에 위협이 될 수 있는 만큼 어떠한 사건을 겪었을 때 트라우마가 발생할 수 있다. 곧 어린아이에게 독립심을 심어준다고 넘어졌을 때 일으켜주지 않고 혼자 일어설 때까지 매질을 가할 때 생기는 죽음의 트라우마다.

〈트라우마로 생기는 증상〉 - 트라우마 상황이 발생하면 극도의 긴장이 강박 상태를 유지하게 되면서 '피곤함', '두통', '소화불량', '식욕부진', '손발 저림' 등의 여러 신체 증상이 생길 수 있다. 또한 '불안', '걱정', '원망', '화남', '슬픔' 등 다양한 감정 반응을 경험할 수 있다.

〈트라우마는 치료가 가능한가?〉 - 트라우마를 겪었다고 해서 모두 치료를 받아야 하는 것은 아니다. 큰일을 겪으면 충격, 공포, 놀람, 무기력, 혼돈 등의 감정은 당연히 경험할 수 있다. 이 감정들은 또다시 닥쳐올 수 있는 위험에 대처하기 위한 준비를 돕는다. 하지만 일부에서는 심각한 트라우마 증상으로 치료가 필요할 수 있는데, 50% 이상은 3개월 이내 회복하고 3개월 이상 지속된다 해도 80~90%는 1~2년 이내에 회복할 수 있다.

이러한 증상 발생을 예방하기 위해 가장 우선되어야 할 것은 충격적 사건을 겪은 사람에게 정서적 지지를 통해 평범한 일상 유지를 할 수 있는 용기를 북돋는 것이다. 또한 향후 발생 가능한 상황과 받을 수 있는 도움에 대해 알려주고 심리적 안정을 취할 수 있게 하는 것이다.

충격적 사건 때문에 불면이나 우울 등의 문제가 발생할 수 있는데, 일시적으로 수면제 혹은 신경안정제를 복용해 해당 증상을 해결할 수 있다. 그러나 몇 주 이상 증상이 지속된다면 전문가를 찾아 외상후 스트레스장애의 가능성이 있는지 평가하고 적합한 치료를 받는 것이 중요하다.

〈주위에 알리면 도움이 되는가?〉 - 말로 자신의 감정이나 상황을 표현하면 감정적인 해소가 이루어져 도움이 되는 경우가 많다. 본인이 겪었거나 알고 있는 일을 말이나 글로 표현할 때 감정도 제대로 정리되기 때문이다. 따라서 대화를 통해 상황을 정리하고 분석하는 것이 좋다. 하지만 트라우마 직후 긴장 상태에서 이야기를 꺼냈을 때 자꾸 그 상황이 떠올라 얘기하고 싶지 않다거나 감정적으로 견디기 어려운 경우에는 강박적으로 '빨리 남에게 얘기해야겠다'라고 생각할 필요는 없다.

〈트라우마가 있는 가족이나 지인을 돕는 방법?〉 - 첫 번째로 더 이상 위협받지 않고 안전하다는 심리적 안정감을 주는 것이 중요하다. 그리고 두 번째로 옆에서 친밀하게 감정적인 해소를 도와주는 것이 효과적이다. 지울 수 없는 기억을 조금 덜 힘든 기억으로 남도록 도와줄 수 있다면 가장 좋을 것이다.

〈외상 후 스트레스장애〉 - (PTSD- Posttraumatic stress disorder)는 트라우마를 일으키는 사건 이후 '강제적이고 반복적인 기억', '관련 장소나 상황 등을 회피', '예민한 상태 유지', '부정적인 인지와 감정'의 4가지 증상이 한 달 이상 지속될 때 진단할 수 있다. 외상 사건 후 겪는 스트레스장애로 인해 '이 세상은 믿을 수 없다' 혹은 '우리는 그 누구도 안전하지 않다' 등의 생각과 함께 인지와 감정에 부정적 변화가 생길 수 있다. 또한 공격적 성향, 충동조절 장애, 우울증, 약물남용 등이 나타날 수 있고 성격이 변한 것처럼 보일 수도 있다.

〈외상 후 스트레스장애 치료 방법〉 – 외상 후 스트레스장애는 크게 약물치료와 정신치료 요법을 통해 치료한다. 이중 약물치료는 항우울제를 가장 많이 사용한다. 정신치료법으로는 트라우마에 초점을 둔 인지행동치료가 가장 효과적이며, 이는 잘못된 생각을 수정하고 트라우마 사건을 다시 바라보며 건강하게 직면할 수 있도록 돕는 치료다.

트라우마 이후 외상후 스트레스장애를 겪는 사람들에게는 '강요하지 않는 것', '피하지 않는 것', '다 아는 것처럼 대하지 않는 것' 등이 중요하다. 특히 외상을 경험한 사람들이 웃거나 행복하게 살 가치가 없다며 스스로 과도한 죄책감을 느낄 수 있음을 이해하고, 이들이 주저 없이 감정을 표현하고 일상생활을 해나갈 수 있도록 정서적으로 지지해 주는 것이 필요하다.

〈격려 한마디〉 – "결국 중요한 것은 트라우마에 더 이상 휘둘리지 않고 스스로 트라우마를 다른 많은 기억 중 하나의 기억으로 저장할 수 있다는 걸 깨닫게 하여 주는 전문 자원 활동가들이 주변에 있어 이 사람들의 지지가 많은 도움이 될 것이다. 전문가의 도움이 필요할 경우 즉시 전문가의 도움을 받도록 하여 트라우마를 슬기롭게 해결해야 한다."

<트라우마를 경험한 아포 페니아들> 4

 사람들이 트라우마를 경험하면 자기 안은 불안, 두려움, 해리, 우울 등 다양한 심리적 반응을 겪고 이 과정에서 아포페니아가 강화될 수 있다. 즉, 트라우마로 인해 내면의 불안이 높아질 때, 우연한 사건이나 무작위 자극에서 의미나 패턴을 과도하게 찾으려는 경향이 두드러질 수 있고 이로 하여금, 발생한 페허레 대상(파레이돌리아)의 발생 곧 트라우마와 결합 된 아포페니아는 특히 파레이돌리아- '모호한 자극에서 의미 있는 형태를 인식하는 현상으로 나타날 때 귀신이 들린 사례로 나타날 수 있다.

 예를 들어, 어두운 방의 그림자에서 위협적인 존재나 과거 트라우마와 연관된 이미지를 보는 것, 일상적인 소리에서 과거의 위협적 상황을 떠올리게 하는 신호를 감지하는 것 등이 여기에 해당할 때 이는 뇌가 불안과 경계 상태에 있을 때, 실제로는 무관한 자극을 트라우마와 연결 지으려는 심리적 방어기제로 볼 수 있다. 결과적으로, 트라우마와 아포페니아가 결합하면 망상, 환각, 착각 등 병리적 증상의 심화가 된다.

 트라우마로 인한 불안이 아포페니아를 촉진할 수 있고 페허레 대상(파레이돌리아)포진 현상은 트라우마와 아포페니아가 결합할 때 더욱 두드러진다. 이는 현실과 무관한 자극에서 트라우마와 연결된 의미를 과도하게 찾으려는 심리적 반응때문인데 심할 경우 망상, 환각 등 정신병적 증상으로 발전할 수 있다. 우리는 수많은 인파 사이로 사랑하는 사람이 걸어올 때, 그 사람 이외에는 거의 보지 못하는 현상을 경험하게 된다. 이는 사람의 뇌가 눈으로 보고 있는 것을 해석하기 위해 자신의 지식이나 과거의 경험을 활용하기 때문이다.

눈을 통해 들어온 시각정보는 모두 뇌로 전달된다. 우리의 뇌는 이 정보들 중 보고 싶은 것만을 분류해 그 대상을 인식한다. 아포페니아 현상이 발생하는 이유도 마찬가지다. 우리의 뇌는 그리 비슷해 보이지 않는 두 개의 물체가 같은 유형이라는 것을 확인할 수 있도록 물체의 일반적인 유형을 인식한다. 키나 체형이 달라도 아무 어려움 없이 사람을 식별하는 것처럼, 우리는 그것의 특이한 유형을 본 적이 없더라도 나무나 의자 등을 쉽게 인식할 수 있다. 결국 아포페니아 현상은 인간이 사물을 인식한 과정 중에 생기는 착각의 일종으로 인간이 원시시대부터 자연에서 먹잇감과 맹수를 빨리 구별하기 위해 우리에게 익숙한 걸 찾아내려는 본능이 생겨 "배가 고픈 사람에게 달은 빵 모양처럼 보이는 것"과 같은 심리적 현상으로 인간은 의미 있게 보려는 경향이 있고, 지각적인 군집화 현상을 통해 기존에 알고 있는 모양들을 해석한다.

분석심리학계에서는 아포페니아 현상의 원인에 대해 또 다른 주장을 제기하기도 한다. 프로이트와 동시대에 활동했던 분석심리학자 융은 "서로 무관하게 보이는 일도 그것이 동시에 일어났다면 그 둘이 집단 무의식적 에너지로 연결되어 있을 가능성이 존재한다"고 밝혔다. 즉 동시성원리(Synchronicity)의 가능성도 있다는 것이다. 동시성의 원리란 같은 시공간 안에서 벌어지는 사건들의 우연한 일치에 인과관계 '백제가 멸망하기 전에 궁궐에 여우 떼가 난입했다든지, 사비성의 우물물과 강물이 핏빛으로 물들었고 물고기들이 떼로 죽었다는 설화도 동시성 원리를 뒷받침하는 예로 현

상은 사람들이 미래를 예측하기 위해 어떤 우연의 일치를 원인과 결과로 해석하는 경향에서 비롯된다.'

<얼굴인식 과정의 오류로 생기는 시각적인 착각> 5

아포페니아 중 주로 시각적인 부분의 착각을 뜻하는 파레이돌리아는 인간이 얼굴패턴을 인지하려는 경향 때문에 나타난다. 인지·진화심리학계는 인간이 유아시절부터 얼굴패턴을 인식하는 능력을 발휘한다고 밝혔다. 이러한 인식능력이 오작동해 전혀 연관 없는 사물에서 얼굴패턴을 읽어내는 오류, 즉 파레이돌리아로 작용하게 된다.

인지심리학에서 인간은 시야에 있는 정보들을 통해 특정 이미지를 조직화하는 경향이 있다. 이러한 현상은 많이 경험한 이미지나 믿고 싶은 이미지가 있다면 우리는 무의식적인 이미지를 통해 해석하려는 성향이 있다. 파레이돌리아 현상이 나타나는 이유를 진화론적인 특성으로 본다면 100만 년 전 태어난 유아가 부모의 얼굴을 인식하지 못하고, 부모에게 미소를 짓지 못했다면 그 아이는 다른 아이보다 부모의 마음에 들지 못했을 걸로 보아 버려진 고아나 나그네다. 따라서 오늘날 거의 모든 유아는 부모의 얼굴을 구별하고 귀여운 미소를 지을 수 있게 진화했다는 주장은 어린아이는 눈으로 볼 수 있게 되면 곧바로 얼굴을 인식하게 되는데 이러한 움직임은 진화론적으로 두뇌에 짜 넣어진 기술 때문이다.

그러나 움직이지 않는 물체에서 얼굴을 찾아내는 것도 진화론적인 이점이 있는지에 대해서는 의문이 제기되기도 한다. 일정한 패턴의 모양을 갖춘 물체의 경우 얼굴로 인식될 수 있다면 도형이나 물체 3개가 역삼각형으로 놓이면 사람의 얼굴로 인식하게 된다는 현상과도 연관이 있고, 이는 자신의 마음가짐에 따라 의미 없는 선이나 형태가 다른 의미를 가질 수도 있게 되는 심리적인 요인으로 인해 나타나는 현상이다.

<아포페니아와 트라우마 관련 심리 현상 연결> 6

아포페니아는 무작위 정보나 사건에서 의미 있는 패턴을 찾으려는 경향으로, 트라우마와 결합할 때 여러 심리적 현상과 연결될 수 있는 증상은 첫 번째, 확증 편향(Confirmation Bias)으로 트라우마 경험자는 자신의 불안이나 두려움을 뒷받침하는 정보만을 선택적으로 받아들이는 경향이 강하고 이때 아포페니아가 작용하면, 실제로는 무관한 사건이나 자극을 트라우마와 관련된 의미로 해석하게 된다.

두 번째, 파레이돌리아(Pareidolia)로 트라우마로 인해 감각이 예민해진 상태에서, 모호한 시각·청각 자극을 위협적인 신호나 과거의 트라우마와 연결 지어 인식할 수 있다. 이는 아포페니아의 하위 현상으로, 현실과 무관한 자극에서 의미를 과도하게 부여하는 심리 반응이다.

세 번째, 망상과 환각으로 아포페니아는 조현병 등 정신질환의 망상, 환각, 착란과 같은 증상과도 연결되어 트라우마로 인한 심리적 취약성이 있을 때, 무관한 사건을 트라우마와 연결 짓는 아포페니아적 사고가 병리적 증상으로 발전할 수 있다.

네 번째로 동시성 경험인데 트라우마 이후, 우연히 발생한 사건이나 반복되는 패턴에서 특별한 의미를 찾거나 예언적 신호로 해석하는 경향이 강해질 수 있고, 이는 칼 융이 말한 '동시성' 개념과도 맞닿아 있다.

요약하면, 아포페니아는 트라우마로 인한 불안, 확증 편향, 파레이돌리아, 망상·환각 등 다양한 심리적 현상과 상호작용하며, 현실과 무관한 사건을 트라우마와 연결 짓는 인지적 오류를 강화할 수 있다.

<트라우마와 아포페니아를 다루는 치료법> 7

트라우마와 아포페니아가 결합해 나타나는 인지적 오류나 심리적 고통을 다루기 위해 다음과 같은 치료법들이 활용할 수 있다.

첫째 인지행동치료(CBT) 및 인지처리치료(CPT)로 왜곡된 인식과 비합리적 패턴 인식(아포페니아)을 점검하고, 현실적인 해석으로 대체하도록 돕는다.

두 번째로 안구운동 둔감화 및 재처리요법(EMDR)로 트라우마로 인한 감정·기억을 안전하게 처리하며, 무의식적 연상이나 과도한 의미 부여를 완화하는 데 효과적이다.

세 번째로 노출치료 및 현재중심치료에서 트라우마와 연결된 자극에 점진적으로 노출시켜 과도한 경계나 잘못된 패턴 인식을 줄인다.

네 번째, 시나 이야기치료(Narrative Therapy)에서 내담자가 트라우마로 인해 형성된 '지배적 이야기'를 '대안적 이야기'로 바꿔, 자신만의 의미와 통제력을 회복하도록 돕는다. 곧 이 과정에서 아포페니아적 해석(과도한 의미 부여)을 재구성할 수 있다.

<약물치료와 기타 치료 요법> 8

심리상담도 마찬가지겠지만 마음에 불안, 환각, 망상 등 증상이 심할 경우 약물치료가 병행될 수 있다. 기타 치료법으로는 심호흡법, 신체감각 회복 훈련 등도 불안 조절과 인지적 안정에 도움을 줄 수 있다. 트라우마와 아포페니아를 함께 다루는 치료는 인지적 재구성, 의미의 재해석, 신경생리적 안정, 사회적 재연결을 포괄적으로 목표로 한다.

<항우울제와 심리치료> 9

트라우마(PTSD) 치료에서 항우울제는 증상 완화에 도움을 주는 역할을 한다. 특히 선택적 세로토닌 재흡수 억제제(SSRI) 계열의 약물(예: 졸피뎀, 졸로피드, 팍실)은 내약성이 우수하고, 복용자의 절반 이상에서 증상이 감소하는 등 효과가 입증되었다. 벤라팍신(SNRI)도 임상시험에서 50% 이상 증상 감소 효과가 보고되었으나 항우울제만으로 '완치'를 기대하기는 어렵고, 인지행동치료(CBT)나 EMDR 등 심리치료와 병행할 때 가장 효과적이다. 약물은 주로 불안, 우울, 과각성, 악몽 등 증상을 줄여 일상 기능을 돕는 보조적 수단으로 활용된다. 즉, 항우울제는 트라우마 증상 완화에 유의미한 효과가 있지만, 심리치료와 병행할 때 그 효과가 극대화된다.

<트라우마 치료에서 항우울제와 벤조디아제핀의 차이점> 10

항우울제 항불안제(SSRI/SNRI 등), 벤조디아제핀의 작용 원리, 세로토닌, 노르에피네프린 등 신경전달물질의 농도를 높여 기분과 불안을 조절, GABA 작용을 강화해 중추신경계를 억제, 빠르게 불안 완화한다. 항우울제는 트라우마(PTSD) 증상 전반(불안, 우울, 악몽 등) 완화, 항불안제는 장기적 치료에 효과적이고 급성 불안, 공황, 불면 등 단기 증상 완화에 효과적이다.

항우울제의 복용 기간은 항우울제는 장기 복용 가능, 내성·의존성 낮으나 항불안제인 벤조디아제핀은 단기·간헐적 사용 권장, 내성·의존성·중독 위험성이 높다.

부작용으론 소화불량, 두통, 성기능 저하 등(개인차 있음), 졸음, 인지 저하, 의존성, 금단 증상 등이 있다.

치료 목적으론 PTSD의 근본적 증상 개선하고 항우울제는 심리치료와 병행 시 효과 극대화한다, 반면 벤조디아제펜은 단기적으로 극심한 불안, 불면 등 즉각적 증상 조절에 사용한다.

요약하자면 항우울제는 트라우마 증상의 근본적 완화와 장기 치료에 적합하며, 벤조디아제핀은 빠른 불안 완화에 효과적이지만 내성·의존성 위험이 커서 단기적으로만 사용해야 한다.

12

역할극과
예술 치유프로그램

상대방 입장으로 바꿔 생각해 봐 내가 지금 나라면 그럴 수 있니!

"아이의 입장으로 생각하고 이해하기"
"인지의 재구성 내가 지금 아이라면"

1. 역할극 상담의 이해

"역할극을 활용해 내담자가 스스로 자신의 문제를 해결하도록 돕는 상담기법"으로 심리극(psychodrama)은 내담자의 깊은 무의식을 다루어 치료하기 때문에 내담자의 문제를 다루는 많은 훈련과 상담자의 전문성이 요구되고 시간도 오래 걸리지만, 역할극 상담은 내담자 스스로 자신이 처한 현재의 문제를 해결하도록 돕는 상담이기 때문에 상담자가 진행하는데 심리극보다 부담이 적으며 다양한 장면에서 문제해결, 발달과 예방치료, 잠재된 능력 등을 다목적으로 다양하게 활용할 수 있는 장점이 있다.

2. 역할극의 원리

역할극 상담은 역할극을 활용해 내담자가 스스로 자신의 문제를 해결하도록 돕는 상담기법이므로 역할극 상담의 특징은 역할극을 통해 현실에서 표현하지 못한 것들을 역할극 상담에서는 자신이 하고 싶은 생각대로 행동을 마음껏 안전하게 표현해 볼 기회인 것이다. 이는 곧 역할극의 원리가 다음 같음을 촉진자나 지지그룹이 인식해야 한다.

1) 무대는 안전하다.

현실에서 직접 당할법한 사건을 무대에 올려 간접 경험을 해봄으로써 위험에 대처할 사태의 발생을 미리 학습하여 둠으로 실제 이런 일을 닥칠 때를 예방한다. (우리에게 닥쳐올 두려운 상상들 꺼내기)

2) 상상은 현실과 같다.

다음과 같은 상상을 해보라. 지금 내 입안에 식초가 한 숟갈 들어 있다고 생각하면 식초는 아주 시큼하여 상상하는 순간 그 맛의 느낌이 입안에 퍼짐과 동시에 반드시 입안에 침이 고일 것이다. 이와 마찬가지로 역할극을 통한 상상만으로도 체험한 임상은 효과적이다.

3) 아는 것보단 깨닫는 것이 낫다.

그렇다면 누가 이런 역할극을 할 수 있을까? 어른들이 나이를 먹어가면서 이런 역할들을 하는 것이 어려워진 것은 사실이다. 곧 어른이 되면 생각이 많아지고 생각이 많아지다 보면 차려야 할 체면도 많기 때문이다. 그러나 어른들 마음속에도 결핍된 아이들이 들어앉아 있다. 유아인 나도 원래 부모가 시키는 일을 따라 했다. 어른이 되어도 마찬가지다. 설정된 어떤 상황을 정해주고 자신의 역할을 시키면 역을 잘 잘 수행하려고 애를 쓴다. 다시 말해 우리 안에는 원래부터 시키는 대로 역할을 잘 수행하여 온 역사가 현실의 자기다.

어느 터울에선 이유 없는 반항기를 거치거나 학습과 현실 사이의 괴리감과 어른이 되어서 학습 도구를 잊어버린 것뿐이다. 이때 주어진 역할극의 제목은 "내가 모르던 기억 꺼내보기, 도리도리 지엄, 지엄 또는 쥐 엄, 쥐 엄, 곤지곤지 연지 후 백설기 떡 돌상에서 맴맴 코끼리 코 잡고 돌다 잡는 모양 꼴은 값"

4) 인간은 다양한 역할수행을 해낼 수 있는 능력이 분명히 있다.

모방하기 중에서도 많은 연구가 있지만 원숭이 실험을 통해서 보면, 원숭이들은 다른 원숭이의 행동을 보고 그것을 흉내 내어 모방하는 것을 볼 수 있다. 사람도 남이 행동하는 것을 보기만 해도 그 행동이 자신에게 내면화되어 그 행동을 모방할 수 있다. 따라서 누구에게나 그 역할을 할 수 있는 상황을 마련해 주면 얼마든지 역할을 수행해 낼 수 있다.

3. 역할극 상담의 목표

1) 정화(카타르시스) – 참고 살아라!, 귀머거리 3년에 늘어난 것은 "화병" 뿐인 우리 할머니들의 모습을 한번 생각해 보자.

* – (친정에서 받아주지 못할 때 서러움)
* – (고부간의 갈등 해결하기)

시댁 입장에서 갓 시집온 새 며늘아기 준비를 하지 않고 시집오는 바람에 화가 나면 터져 나오는 것이 욕, 마음이 상해 눈이 뒤집혀 지면 (욕)도 고소하여 뒤집어진 (눈)은 욕이 흉하고 숭 해서 숭어가 이를 물고 도계 신남 마을 덕배의 성기를 쓴다고 고소하면 해랑(海浪), 해볼 은혜가 욕인데 이런 걸 (생각해 보기 : 욕을 보였는가? 아니면 욕을 먹었는가? 원인 제공-솔로몬의 재판 – 고소하면 대접받은 줄 알아야 인자(人子), 다 했다.)

시어머니에게 직접적으로 표현할 수는 없지만 역할극을 통해서 자유로워질 수 있다. 욕 테라피아는 표면적으로는 부정적인 것이 있어도 그 깊은 곳에는 긍정적인 면이 있다는 것을 놓치면 안 된다. 그리고 나야 우리가 흔히 싸운 후에 친해진다는 이야기를 공감할 필요가 있다. 감정을 정화한다는 것은 남에게 화를 내고 나면 미안한 감정이 든다는 것은 곧 긍정적인 마음이 된다는 것을 의미한다.

4. 빈 의자 기법의 활용

 1) **통찰** – 일반 상담에서는 깨달아가는 것을 통찰이라고 부른다. 그러나 역할극 상담에서는 행위 통찰이라고 부른다. 예) 1등을 하는 방법을 알고 있는 사람이 있고, 1등을 해본 학생이 있다. 누가 1등을 할 확률이 높은가? 1등 하는 방법을 아는 것은 서로 같지만 1등을 해본 사람이나 학생이 1등을 할 확률이 높다. 그것은 감정의 차이 때문이다. 1등을 해보지 않은 학생은 그런 과정을 경험하지 않아서 지레 불안 근심 걱정이 있기 때문에 너무 많은 에너지를 빼앗기게 된다. 역할극 상담은 바로 이런 과거에 실패한 자신의 경험을 새로운 성공적인 모델을 제시하고 경험과 체험을 통해서 성공할 수 있는 모델로 활용할 수 있도록 도와준다.

 2) **융통성** –사람들은 정신건강의 척도로 융통성에 대해서 많은 말을 한다. 융통성을 다른 말로 역할 유연성이라고 부른다. 즉 상황에 적절하게 반응할 수 있는 능력을 말하는 것이다. 최근에 40대 초반의 후배 한 사람이 회사에서 과로로 쓰러져 죽었다. 문상가서 가만히 가족들의 말을 들어보니까, 회사에서 일만 하다 죽었다고 슬픔을 더한다. 일이란 가족을 위한 것이기도 하다. 중요한 것은 일을 하면서 반드시 휴식을 취할 수 있어야 한다. 유머나 한 가지, 고집을 가지는 것도 괜찮지만 남들이 열심히 일하는데 논다든가, 남들이 쉴 때 혼자 일한다든가? 하면 모두에게 불편을 줄 수

있다. 남을 배려할 때 배려하고, 자기주장을 할 때 하는 것이 합리적인 생활이다. 하지만 이런 자기의 틀 때문에 효율적인 삶을 살지 못하는 경우가 있다. 문제도 마찬가지다. 예를 들면 운전면허를 가지신 분들을 한번 생각해 보라. 계속 운전자의 역할을 하다 보니까 능숙한 운전자의 역할이 학습되어서 지금은 방어운전까지 잘하게 되었다. 그러나 장롱 속 운전면허증도 없는 것보다 자존심(自尊心), 새우는 데 한 몫, 하기도 한다.

5. 역할극 상담의 구성요소

일반 상담에서는 상담자와 내담자가 필요한데 역할극 상담에서는 역할극이라는 도구를 통해 상담을 진행하기 때문에 그에 따른 도구나 소품이 필요하다. 그래서 이번 시간에는 역할극 상담에 필요한 여러 가지 역할과 도구가 무엇인지 살펴보도록 한다.

1) 주인공 : 주인공은 역할극을 통해서 내담자를 주인공이라고 표현하고 편안하게 역할수행을 할 수 있도록 주인공이라고 표현한다. 이러한 주인공은 훈련된 사람이나 관객 중에 찾도록 한다. 주인공의 역할을 맡은 사람은 무엇보다도 자발성이 중요하다. 자신이 그 역할을 하고 싶었을 때 해야 가장 큰 도움과 효과를 얻어낼 수 있기 때문이다. 주인공이 간절한 마음을 가지고 그 역할을 해봤을 때 많은 변화가 일어나고, 이는 기회가 될 수 있다.

2) 보조자 : 보조자는 주인공이 역할극을 진행하여 가는데 도움을 줄 수 있도록 그런 역할수행을 할 사람을 말한다. 주인공이 직접 관객 중에서 선택하게 하기도 하는데, 선택된 보조자는 부모의

역할을 맡아 주인공의 원망이나 투정을 들어준다. 싫어하는 소재보다 친근한 것으로 선택하여 때론 새나 무생물 역할도 할 수 있다. 그러기 위해선 보다 상담에 대한 전문적인 훈련을 받은 사람들이 보조자 역할을 맡아서 하면 좋다. 물론 그렇다고 꼭 전문가일 필요는 없다. 전문가가 아니더라도 약간의 연습을 시킨 다음에 그 역할을 충분히 해낼 수 있다.

3) **관객** : 관객들은 돈을 내고 보는 것이 아니라 참관하는 집단원이 된다. 관객들은 집단원으로 참관 하면서 그때그때 필요한 역할을 돕는다. 그리고 나중에 마음을 나누는 역할을 한다.

4) **무대** : 역할극 상담을 하려면 진행할 수 있는 무대가 있어야 한다. 교실이나, 학교 운동장, 아무 곳이나 무대가 될 수 있지만 좀 더 생생한 역할을 전해줄 수 있는 곳이 더욱 좋을 것이다. 문화 복지 차원의 공관에서 조명을 통해 현실감 있게 시각적으로, 또는 청각적으로 여러 예술적 도구를 사용해서 인간의 오감을 이끌어 서로 통해서 느끼도록 할 수 있기 때문이다. 어두운 조명과 슬픈 음악을 들으면 감정의 몰입되어 울라 올 수 있다는 걸 경험한다.

5) **상담자의 역할에는 세 가지 역할로 분류해 볼 수 있다.** : 우선 집단 지도자의 역할로 – 역할극 상담에서는 내담자의 역할이 더 중요하다. 이때 집단 지도자의 역할은 집단원들을 모아놓고 역할극을 지도할 수 있는 사람을 말한다. 두 번째, 조력자의 역할– 역할극 상담을 통해서 상담자가 목표를 달성할 수 있도록 도움을 주는 역할을 하는 자가 조력자다. 다음 세 번째로는 연출자인데 연출을 통해서 관객을 모아주는 일로 이것은 단순한 것이 아니라 예술

로 보아야 한다. 시각과 청각을 만족시켜 주어야 해서 주인공이 등을 돌리지 않고 관객들에게 잘 표현할 수 있도록 하고, 관객들이 이 역할극에 더 몰입할 수 있도록 조명이나 무대를 잘 연출하는 무대감독으로서 역할이 필요하다.

6. 역할극 상담의 구성요소

1) 역할극의 원리
(1) 무대는 안전하다. (2) 상상은 현실과 같다. (3) 아는 것보다 깨닫는다. (4) 인간은 다양한 역할수행을 해낼 수 있는 능력이 있다.

2) 역할극 상담의 목표
(1) 정화 (2) 통찰 (3) 융통성

3) 역할극 상담의 구성요소
(1) 주인공 (2) 보조자 (3) 관객 (4) 무대

4) 상담자의 역할
(1) 집단 지도자 (2) 조력자 (3) 연출자

5) 역할극 상담 워밍업
역할극 상담의 원리, 목표, 구성요소 과정 및 진행 원리에 대해 학습함으로써 역할극 상담의 이론적 토대를 학습한다.
(1) 신뢰감 형성을 위한 워밍업 (2) 주인공 선출 (3) 원하는 것 찾기 (4) 장애물 찾기 (5) 하고 싶은 것 해보기 (6) 적절한 것 찾아보기

6) 진행 원리
(1) 지금 여기   (2) 상징화 구체화   (3) 행위를 통한 변화

7. 세션별 역할극 상담

☞ 세션 1)

1. 빈 의자 기법

1) 중앙에 의자를 갖다 놓는다.
2) 대상을 떠올릴 수 있도록 안내한다.
3) 대상 인물을 의자에 투사하도록 한다.
(이때는 감정이입이 중요하다. 예를 들어 남편이나 친구와 싸웠는데 화해 하고 싶지만 마주치면 또 화가 나서 화해를 못하는 경우)

4) 상황
(1) "남학생 키가 크고 잘생긴 얼굴, 아빠에 대해 느끼는 마음이 강압적인데 아버지가 자기 힘을 과시하기 위해 가끔 구타"
(2) "친한 친구가 자신과 사귀던 이성 친구를 가로챔"
(3) "어머니와 딸, 또는 아버지와 아들 간의 갈등"

5) 진행 방법 : 먼저 주인공이 자신의 상황을 이야기하도록 한다. 상황에 맞게 역할을 정하고 내담자와 서로 역할을 바꾸어서 이야기한다.

6) 효과 : 내담자의 기분을 순간적으로 포착을 해서 자문자답할

수 있도록 하는 효과적인 방법으로 자신의 내면을 스스로 들여다 볼 때 서서히 가까워지는 망원경에서 현미경으로 다음은 백미러로 볼 수 있게 한다.

7) 촉진자 피드백

좋은 상담자는 다양한 역할 연기, 또는 어떤 특별한 도구나 기구가 없더라도 주위에 있는 모든 것을 활용하여 내담자가 효과적이고 적절한 자기 역할을 찾을 수 있도록 하는 것일 것이다. 그렇게 하기 위해서는 내담자가 지니는 문제에 대한 이해가 매우 중요하다. 특히 내담자의 마음에 가장 가까이 갈 수 있는 공감 능력은 필수적이다. 이때 내담자의 심상을 적극적으로 활용할 수 있는 조망(眺望)과 역지사지(易地思之)의 능력은 내담자의 감정을 확대하거나 때로는 축소하기도 해야 한다. 사소한 것에 사로잡혀서 성장을 멈추어서는 안 되겠기에 마치 현미경과 망원경의 역할로 어떤 것은 무시할 수 있도록 해서 내담자 스스로 자신을 확장해 나갈 수 있도록 도울 수 있어야 한다.

◎ 세션 2)

2. 거울 기법

1) 내담자의 행동 특성, 표정 등을 그대로 보여주는 기법.
2) 다른 사람들이 피드백하여 주지 않으면 깨닫지 못하는 경우,
 (예를 들어 목소리가 크다거나 자신은 잘 웃는 스타일이라고 생각하는데, 사실은 목소리도 크고 항상 인상을 쓰고 있는데도 자신은 알지 못했을 때)

3) 주인공은 자신이 하고 싶은 어떤 행동을 마음대로 한다. 이때 다른 구성원들은 주인공이 하는 행동을 그대로 보고 따라 흉내를 내는 거울 역할을 한다.

4) 주의할 점은 직설적이지만 역동이 강하게 일면 어떤 경우에는 위험할 수 있다. (부정적 영향을 끼치지 않을 만큼 흉내 내기)

◎ 세션 3)

3. 높은 의자 낮은 의자 기법

1) 두 개의 높은 의자 낮은 의자를 중앙에 갖다 놓는다. 높이는 물리적 거리와 심리적 거리를 상징한다.

2) **상황 설정** : 부모와 자녀. 남편과 아내. 선생님과 학생. 선배와 후배 중 선택)

3) **진행**
① 두 사람이 두 개의 의자를 놓고 마주 앉는다.
② 한 사람이 일어서서 상대방에게 자신이 하고 싶은 이야기를 한다. 약자와 강자로 시어머니 역할이나 며느리 역할을 할 때 의자에서 내려 바닥에 앉아서 올려다보면서 어머니로서 자신에게 하고 싶은 이야기를 해본다.
③ 역할을 바꾸어 가며 두 사람이 반복해서 상황을 전개해 나가도록 한다.

4) **효과** : 자신감을 길러주고 부모의 입장에 대해 이해할 수 있다.

☞ 세션 4)

4. 이중 자아 분신 기법(반동형성)

1) 방법 : 할 말이 있어! 로 시작한다. 이때 구성원들은 망원경 역할을 해서 그 마음을 읽고 제대로 자기 마음을 표현하면 그대로 따라 하고 다르면 다른 말을 할 수 없다.

2) 점점 "너는 재수 없는 애야! 좀 더 확장해 나간다.(이때 구성원들은 대신 표현을 하거나, 표현할 수 있도록 용기를 북돋운다.

3) 효과 : 표현하기 힘든 속마음을 읽어줄 수 있다. 선생님이 대신 따라서 한다. 서로의 감정을 이해하고 정화할 수 있다.

8. 예술 치유

1. 예술치료란?

예술치료란 다양한 악기를 준비하고 이를 통해 마음을 풀어내는 작업이다. 이를 소개하자면 먼저 다양한 악기 중 북, 장고, 피리, 손 (파도치는 손가락, 탬버린, 빨래판, 딱따구리, 오리 소리 꽥꽥 달팽이관을 자극) - (또는 난타). 이런 역할극으로서의 예술치료는 즉흥적인 역할이기 때문에, 어떤 연주를 해보겠다는 것보단 자유롭게 창의적으로 해본다. 악기가 자기 마음이라고 생각한다. 꼭 북이라고 해서 북채를 가지고 북을 쳐야 할 필요는 없다. 손으로 뜯기도 하고 우리 마음들이 다 이어졌다는 것을 알게 한다. 그래서 소리 나는 대로 창의적으로 연주를 해본다. 성격이 강한 아이들은 부드러운 연주를 하도록 하면 자기의 부족한 점을 보완할 수 있고 이를 어른과 아이들의 역할을 바꿔서 해보게 한다. 곧 소리가 큰 것은 어른, 작은 것은 아이, 소리를 통해서 아이가 어른을 이길 수 있는지, 또한 눈을 감으면 바닷가에 와 있는 것처럼 느낌을 주면서 마음을 다스릴 수 있도록 한다.

☺ 세션 1)

준비물 : 다양한 악기

1. 여러 가지 악기를 자유롭게 탐색하기
(준비한 악기를 모두 펼쳐놓는다.)

2. 연주할 악기 고르기 (마음에 드는 악기)

1) 혼자 마음껏 연주하기
2) 상대방 소리에 귀 기울이면서 연주하기
3) 서로 귀 기울이고 눈짓을 나누면서 연주하기
4) 도중에 악기를 바꾸어서 연주하기
5) 돌아가면서 주인공이 되어 연주하기 아이
6) 즉흥적으로 연주하기

3. 피드백 : 큰 악기는 주인공이 되기 쉬운데 소리가 작은 악기는 주인공이 되기 힘들다. 여기서는 작은 악기가 주인공이 되었을 때 그 소리를 받쳐주는 역할을 한다. 주인공은 순서를 정하지 않고 자

연스럽게 주도적으로 해보고 싶은 사람이 한다. 카리스마가 있는 사람들이 애교 섞인 몸짓을 하면서 리더를 해갈 때 더욱 존경스럽다.

4. 느낌 나누기

도중에 큰 북으로 바꾸려고 하는 사람의 특징, 그 자리는 내 자리다. 하는 감정이 있는 사람이다. 느낌을 통한 피드백을 할 때는 아이들이 주인공이 되어 볼 수 있도록 할 때 다른 아이들은 엑스트라 역할을 충실히 함으로 서로 협력할 수 있는 마음들을 모아주게 된다는 걸 알아차린다.

5. 워밍업

역할극을 하기 전에 워밍업 할 때 중요한 부분이 '카타리시스'라는 점을 인식한다. 카타리시스를 느끼기 위해서는 바깥에서 있었던 일들. 즉 기분 나빴던 일들, 너무 기분 좋았던 일들, 이런 것들을 벗어버리는 과정이 필요하다. (너무 벅차도 심장에 무리를 줄 수 있기 때문이다)

예술치료 워밍업에 있어 성악을 하는 사람들이 말하기를 사람 몸이 가장 좋은 악기라고 한다. (발바닥, 손바닥, 볼테기, 가슴, 배) 등 입에서 나온 소리뿐만이 아니라 몸에서 나온 모든 소리가 다 좋은 연주가 될 수 있다. 이런 몸의 동작을 통해서 악기의 소리를 낼 수 있다.

세션 2

1. 복합 감정을 음악으로 표현하기

복합 감정 이해하기 : 복합 감정은 두 가지 이상이 복합적으로 마음에서 일어나 접근과 회피를 거듭하는 감정이다. 색깔에도 기본색이 있다. 3원색은 1차 색으로 다른 빛깔로 더 분해할 수 없는, 모든 빛깔의 바탕이 되는 빛깔, 곧 빨강·노랑·파랑이고 2차 색은 연두색을 보라색과 같이 복합적으로 합성되는 색깔이다. 감정도 복잡한 감정이 있다. 심리학에서는 이것을 양가감정이라고 부른다. 즉 너를 생각하면 좋기도 하고, 한편으론 얄밉기도 하고, 나를 생각하면 서럽기도 하고, 때론 기쁘기도 하고, 이처럼 2가지 이상의 감정이 복합적으로 엉킬 때 관계는 부담스러워진다. 이걸 걸쩍지근하다. 거시기하다. 이렇게들 표현한다.

복합 감정은 1차 감정 2차 감정으로 나누어 볼 수 있는데 1차는 화가 난다. 배고프다. 짜증이 난다. 2차는 기분이 좋거나 나쁘다. 싸우다 이기거나 진다. 3차는 자랑스럽거나 화가 나거나 감동이다.

이런 감정을 표현할 주인공을 선정하고 나면 어떤 한 사람을 떠올릴 때 느껴지는 여러 가지 감정과 그 사람에 대한 나의 마음을 악기로 표현해 본다.

1) 제일 먼저 주인공이 되고 싶은 사람은 눈을 감고 어떤 사람을 떠올리고 먼저 떠오르는 사람이 먼저 손을 들어 표현한다.

2) 이때 떠오르는 사람이 누구인지를 묻고, 느껴지는 감정을 요약한다. (귀엽다. 안아주고 싶다. 짜증이 난다. 밀어내고 싶다. 따듯하다. 편안하다 등등)

3) 주인공은 다른 사람이 연주하는 소리를 들으면서 자신의 감정이 와 닿는가? 아니면 부족한 부분이 있는가? 원하는 소리가 있는가? 를 느끼도록 한다.

4) 다음엔 눈을 감고 세 가지 마음에 대한 자신의 원하는 소리를 찾도록 한다. 그런 다음 세 가지 악기를 하나씩 연주하도록 한다. 그런 다음 다시 세 가지 악기를 함께 연주하게 하고 마음껏 두드려본다. (이때 규칙적인 소리는 편안하다. 반면, 불 규칙적인 소리는 불안하다는 걸 깨닫게 한다.)

5) 경험한 느낌 나누기
* 세 가지의 연주를 들어 본 다음 어느 쪽으로 더 마음이 갔는가?
* 그 소리가 당신한테 어떤 의미가 있는가?
(악기를 연주하는 사람들을 보면 부러운 마음이 있었는데 부러워만 하지 않고 나도 주인공이 되어 악기를 다뤄보니 기분이 좋아지는 악기와 같은 쪽의 마음을 더욱 키워보아야겠다는 자신을 알아차릴 수 있었다.)

6) 음악 활동을 통한 역할극 교육 정리
① 개인의 성격이 선명하게 드러나면서도 집단원들과 조화를 이루며 표현할 수 있었다.
② 내가 정말로 원하던 마음과 역할을 찾아보고 시도해 볼 수 있

는 활동이었다.
  ③ 즉흥연주를 통해 평소에 표현하지 못했던 감정을 마음껏 표현할 수 있어서 감정을 정화할 수 있었다.
  ④ '내담자를 도울 수 있는 역할(소리)로 자기감정 느끼기 전에 내담자에게 어떤 악기 선정이 도움이 될지 알 수 있었다.

☞ 새션 3)

1. 인형 놀이

 1) 마음에 든 즉시 자신과 닮은 인형을 골라서 이름 붙이기
 2) 인형을 가지고 놀기
 3) **부탁 게임** : 한 명씩 인형을 가지고 자기소개나 부탁하기
 4) **둘 셋씩 짝지어 놀기**(인형의 성격(캐릭터)대로 놀기(캐릭터를 다르게 설정해서 새로운 역할을 시도해 볼 수 있다.
 5) **다 같이 놀기** : 소심한 아이 호랑이 인형으로 목소리를 크게 강하게 표현하여 보기(누가 목소리가 큰지 시합하기)

☞ 세션 4)

1. 인형으로 부탁하기

 1) 부탁하는 쪽과 부탁을 받는 쪽 두 팀으로 나눠 게임을 한다.
  이때 부탁을 하는 쪽 팀은 상대방이 부탁을 들어주면 이긴다. 반면 부탁을 받는 쪽은 끝까지 부탁을 거절하면 이긴다. (예 필기 노트 좀 빌려줘, 알바 하다가 공부할 노트 정리를 하지 못했어)

단) 인형을 고를 때는 부탁을 하거나 할 때 먼저 골랐던 인형을 다른 모양새의 인형으로 새로 고를 수 있다. 둘씩 짝지어 게임을 진행할 수 있다. 나머지 관객들은 도우미 역할을 한다.

2) 시작하기 전에 먼저 주인공을 선택하고 주인공이 속한 팀의 나머지 구성원들은 도우미 역할을 한다.

3) 부탁을 하는 쪽은 가능한 한 상대방이 부탁을 들어줄 수 있는 쪽으로 부탁한다.

4) 부탁을 받는 쪽은 부탁을 거절하면 이기는데 무조건 들어주지 않는 것이 아니라 논리적으로 부탁을 거절해야 한다.

5) 이때 주인공은 가장 자신의 부탁을 잘 들어줄 것 같은 사람이나 잘 들어 주지 않을 것 같은 사람에게 도전해 볼 수 있다.

2. 상황 설정

1) **상황** : 시험 기간, 필기 노트를 빌리려고 함
2) **과정** : 상대방은 공부를 잘함, 그러나 그 친구는 혼자 공부하기를 좋아하고 남에게 노트를 빌려주지 않는 것으로 유명하다.
3) **도우미 인형의 역할** : 주인공을 도와 도우미 인형들은 양쪽에서 방해하거나 도움을 주기도 한다. 예) 잘 안될 때 이건 이렇게 하면 좋겠다. 한 사람 안에 세 사람이 있듯이 마음이 하는 소리로 말을 통해 지지자 역할을 해준다.

3. 느낌 나누기의 적용

역할극 안에서는 이기고 지는 것이 없다. 부탁하는 과정에서 마음을 확장해 보고, 부탁하는 사람의 입장과 거절하는 사람의 입장을 서로 역할을 바꿔 느껴본다. 함께 한 구성원들도 같은 감정을 느꼈다거나 또는 다른 감정의 느낌이 있다면 서로 느낌을 나누면서 자신을 확장해 나가고 직접 실생활에 적용할 수 있도록 한다.

4. 사례)

1) 주인공들의 느낌 : 이긴 쪽 부탁을 받고 들어주었을 때 (상대방이 자신에게 공부를 잘한다고 띄어줄 때)

2) 들어주고 싶지 않았을 때 (왠지 굴복당해 자신이 약해지고 비굴해지는 마음)

3) 도우미 인형의 느낌 (끝까지 밀어붙이는 힘이 약했다. 상대방의 부족한 부분을 도와주고 나서 부탁했으면 들어줬을 것 같았다)

4) 이긴 쪽 주인공의 마무리 (자신을 칭찬할 때 기분적으로 흔들려서 들어 줘버릴 것 같아서 학원에 갈 시간이 바쁘다거나, 집에 급한 볼일이 있다거나 자꾸 피하려고 하니 미안했다. 부탁하는 쪽이 어떤 상황에 놓여 공부를 못했다기보단 아무리 공부해도 잘 못 풀겠다고 오히려 노력하나 성실한 부분 쪽으로 밀어붙였다면 아마 들어줬을 것이다.)

5) 촉진자 마무리 피드백 : 먼저 상대방을 인정하면 그 사람의 마음이 열린다. 힘들게 공부한 것을 그냥 받으려고 하는 사람에게 느끼는 주인공의 감정은 비굴함이었다. 자신의 상황이 아르바이트 때문이라는 것을 상대방이 헤아릴 수 있게 할 수 있었다면 부탁을 들어주었을 것이다. 왠지 갈취당하는 느낌이 들지 않도록 고마워하는 마음이 나타낼 수 있어야 한다. 부탁하는 것도 기술이다. 내 식대로 하는 것이 아니라 상대방을 고려하는 마음으로 서로 도움을 주고받는다는 생각으로 임해야 한다.

# 13

아동문학 치유
의태와 의성어

의성 · 의태 환상 모험기

장르 : 아동문학

의성 · 의태 환상 모험기

　의성어와 의태어를 적극 활용하여, 소리와 모양을 생생하게 표현한 대화형 소설로 전체적인 분위기는 판타지/모험 스타일로 설정했다. 캐릭터의 감정과 행동이 잘 드러나도록 대화와 묘사에서 의성어와 의태어를 자연스럽게 녹여 쓴 장후용 음유시인의 문화복지 문화 크리에이트 적인 아동문학 소설 치유서다.

　어린이 문학의 진정한 가치는 아이들의 상상력과 감성을 자극하고, 세상을 바라보는 눈을 풍부하게 키워주는 데 있습니다. 이 작품은 그런 점에서 매우 뛰어난 성취를 보여줍니다.

　본 아동소설은 의성어와 의태어를 적극적으로 활용하여, 어린이 독자들이 마치 이야기 속으로 "풍덩!" 빠져드는 것처럼 생생한 몰입감을 줍니다. '휙휙', '도도도', '펑!', '깡충깡충' 등 다양한 소리와 움직임이 자연스럽게 녹아 있어, 문장을 따라가는 것만으로도 마치 애니메이션을 보는 듯한 생동감을 선사합니다.

　또한 이 책은 판타지와 모험이라는 장르적 틀 안에서 이야기를 전개하며, 캐릭터들이 겪는 다채로운 상황 속에 감정과 성장이 뚜렷하게 드러납니다. 주인공과 친구들은 "두근두근" 떨리는 마음으로 도전을 맞이하고, "살금살금" 몰래 움직이며 용기를 내는 장면에서는 독자들 역시 함께 숨을 죽이며 응원하게 됩니다.

　무엇보다 이 작품은 대화 중심의 구성으로 아이들이 쉽게 따라갈 수 있으면서도, 각 인물의 개성과 감정을 섬세하게 전달합니다. 유머러스하고 따뜻한 문장들 속에 녹아든 표현들은 읽는 독자로 하여, 미소 짓게 하고, 또 때로는 뭉클한 감정을 안겨줍니다.

결론적으로, 본 작품은 어린이 독자들에게 놀라움과 감동, 그리고 흥미로운 언어의 세계를 동시에 선물해 줄 수 있는 이야기입니다. 아동문학에 대한 진심 어린 애정과 높은 창의력이 결합 된 새로운 문학의 장르로 장후용 문화복지사 크리에이트가 선보이는 신작입니다.

『바람 숲의 속삭임 1탄 - 바람 숲의 속삭임』

등장인물

루나 : 호기심 많은 숲의 탐험가
모로 : 말하는 수달, 루나의 친구
크론 : 바람의 정령

* 크론(16세기 연금술사 파라셀수스가 네 가지 원소(불, 물, 흙, 공기)에 대응하는 정령을 설명하면서 처음 등장한다.)

제1장 - 숲의 속삭임

[조강 날 숲속 어딘가 - 아침]

바스락바스락- 나뭇가지 흔들리는 소리와 졸졸- 물살 흐르는 계곡 소리가 어우러진 숲에서 루나는 벨벳 같은 풀 위를 사각사각 밟으며 작은 호숫가로 다가갔다. 그 뒤를 철벅 철벅 따라오는 건 낙엽보다 익살맞은 수달, 모로였다.

루나 "모로, 들었어? 어젯밤 바람이… 말했어."

모로가 털썩 주저앉으며 말했다.

모로 "또 그런 이야기야? 지난번엔 구름이 엄마라고 하지 않았어?"

이때 갑자기 탕탕! 커다란 돌멩이가 나무 밑동에 튕기며 멈췄다.

루나 "들렸어! 또 야! 방금 건 분명…"

모로는 쭈뼛, 쭈뼛 주변을 둘러 보더니 말했다.

모로 "바람의 장난이겠지…"

휘 잉- 순간, 공중에서 하얀빛이 소용돌이치듯 나타났다.

크룬 "나를 불렀는가… 인간 아이야."
루나 "누구야?!"
크룬 "나는 바람의 정령 이 숲의 바람이다."

루나와 모로는 깜짝 놀라 "헉!"하고 숨을 들이켰고, 모로가 놀라 스르륵 마른 낙엽 위로 넘어지고 말았다.

제2장 - 풍요의 구슬

[바람의 계단]

 출렁출렁 물결을 딛고, 루나는 모로랑 함께 철썩철썩 파도를 건너, 덜컹- 흔들리는 바람 계단을 올랐다. 드르륵- 암석처럼 생긴 문이 열리자, 안에서는 푹! 콰앙!- 무언가 분출되는 소리가 울려 퍼졌다.
 루나는 깜짝 놀라 뒤로 한 발 휘청거렸다.

루나 "이 안에 뭐가 있는 거지?"
모로 "그거, 맛있는 소리 아냐? 와삭와삭 씹히는 무언가!"

"와 아 아 앙—!" 갑자기 터진 정령의 울음에 모로는 엉엉 울듯 눈을 가리고 두 사람은 후다닥 굴 안 깊숙이 몸을 숨겼다.

제3장 - 구슬을 지닌 그림자

[바람의 지하실]

쾅앙!— 벽이 열리며, 드르륵— 검은 그림자가 모습을 드러냈다. 사박사박 기어 오는 괴물의 발소리 사이로 쩍, 쩌억 — 소리가 진동했다. 그가 움직일수록 공기가 찢어지는 듯 했다.

루나 "이젠… 도망칠 수 없어."

둘은 입술을 파르르 떨었다.

모로 "그래도 난… 꾸역꾸역 도망쳐볼 거야."

땀을 뻘뻘 흘리며 말하는 순간… 펑! 펑! 펑!— 소리와 함께 바람이 분개하듯 휘잉— 빛처럼 나타난 크룬이 손을 앞으로 뻗으며 말했다.

크룬 "내 의지로 부른 바람은, 쓰는 자의 손길 안에 있다."

그때 화마가 휘몰아치는 바람에 화르르- 타올랐다. 괴물은 와르르- 머리부터 무너져버린다.

그날 이후, 루나는 뚜벅뚜벅, 언제나처럼 숲을 걷는다. 이젠 멀리서 들리는 쏴~아 - 하는 바람 소리도, 달그락달그락 나뭇잎 소리도, 모든 게 이야기를 속삭이고 있는 듯했다.

루나 "모로, 다음엔 파도 숲으로 가자."
모로 "그래도 물은 차갑지 않게 해줘. 으슬으슬 하단 말이야!"

하하, 헤헤- 그들의 웃음소리에 숲이 서서히 바스락거렸다.

사용된 의성·의태 표현 일부

걸음/움직임 : 뚜벅뚜벅, 후다닥, 철벅 철벅

싸움/폭발음 : 펑, 푹, 콰앙, 와르르

자연소리 : 바스락바스락, 휘잉, 출렁출렁, 달그락

감정표현 : 헉, 엉엉, 하하, 헤헤, 쭈뼛쭈뼛, 파르르

행동 묘사 : 꾸역꾸역, 쭈뼛쭈뼛, 털썩, 뻘뻘 (땀)

『바람 숲의 속삭임 2탄 - 파도 숲의 비밀』

루나 : 호기심 많은 숲의 탐험가
모로 : 수다쟁이 수달
크룬 : 바람의 정령
실비 : 파도숲을 지키는 작은 해파리 요정

제1장 - 파도 숲의 문을 열다

[해변가 – 새벽]

찰랑찰랑– 해변에 물결이 밀려들고
졸졸– 모래 사이 작은 개울이 흐른다.

루나는 뚜벅뚜벅 젖은 모래 위를 걷는다.

모로는 달그락달그락 소리와 함께 외친다.

모로 "루나, 조심해! 해변에는 까칠까칠한 게 많아."

그때, 철썩!– 큰 파도가 둘에게 물을 튀긴다.

루나 "앗, 차가워! 모로 네가 서둘렀으면 덜 맞았잖아!"

모로는 꾸깃꾸깃 몸을 움츠리며 웃는다.

모로 "그래도 재미있잖아! 으슬으슬한 건 잠깐이야."

제2장 - 파도 속의 노래

[파도숲, 물결계단]

와르르- 갑자기 파도 무더기가 쏟아지고, 루나는 후다닥 뒤로 물러섰다.

실비 "여기는 누구의 영역인지 아니?"

휘휘- 물결과 함께 빛나는 뭔가가 나타난다.

반짝반짝- 실비가 나타나서 말한다.

실비 "너희는 바람 숲에서 왔구나. 파도 숲의 비밀을 찾으러 왔니?"

모로는 쭈뼛쭈뼛 말을 이었다.

모로 "우린 단지 구슬의 정령이… 그, 그러니까…"

제3장 - 비밀의 구슬

실비가 이끄는 대로 루나와 모로는 출렁출렁 파도 위를 통과한다.

끼익! 삑- 흔들리는 해초의 문이 열리고, 안에서 반짝이는 구슬들이 주르륵 구른다.

루나 "이 빛… 바람 숲의 구슬이랑 닮았어!"
실비 "이곳의 구슬은 소원을 들어줘. 하지만 진심 어린 소리, 바로 너희의 목소리가 필요하지!"

갑자기, 쾅!- 뒤에서 무언가 큰 것이 떨어진다. 파도 괴물이 등장하며 휘몰아치는 횡설수설함이 가득하다.

모로는 엉엉 울 것처럼 몸을 떨며 말했다

모로 "나 무서워… 튀자!"

루나는 파르르 손을 떨며 구슬을 꼭 쥔다.

제4장 - 진심의 소리

펑! - 정령 크룬이 바람을 타고 나타난다.

크룬 "진심으로 이름을 불러라. 소리엔 힘이 있다!"

루나가 "실비! 도와줘!"하고 외쳤다.

마법처럼 실비가 반짝이며 커지고 구슬들이 쾅!- 빛을 뿜더니 파도 괴물을 와르르- 쓸어버렸다.

해변은 다시 평화롭다. 밍밍- 바람도, 찰박찰박- 바닷물도, 모로나 루나의 웃음과 함께 어울려 노래한다.

루나 "파도 숲도 바람 숲만큼 재밌었어. 이제 어디로 갈까?"
모로 "언제나 함께라면 쿵쾅쿵쾅 어디든 좋아!"

하하, 헤헤- 바닷가 모래밭에 그들의 행복한 소리가 오래도록 번졌다.

사용된 의성 · 의태어 일부

자연/환경 : 찰랑찰랑, 철썩, 졸졸, 와르르, 출렁출렁, 바싹, 반짝반짝, 빙글빙글

감정/행동 : 쭈뼛쭈뼛, 꾸깃꾸깃, 후다닥, 파르르, 엉엉, 파릇파릇

사건/소리 : 주르륵, 콰앙, 펑, 삑, 끼익, 달그락달그락, 쿵쾅쿵쾅

「바람 숲의 속삭임 3탄-별의 호수와 그림자 물고기」

등장인물

루나 : 호기심 많은 탐험가
모로 : 장난꾸러기 수달
크룬 : 바람의 정령
실비 : 물결 요정
누리 : 별의 호수에 사는 빛나는 고래

제1장 - 반짝이는 어둠

[별의 호수 – 저녁]

반짝반짝– 하늘에서 별이 쏟아지고
호수 위에서는 잔잔한 물결이
찰랑찰랑– 은은하게 흘렀다.

루나는 조심스럽게
툭툭– 돌을 퉁기며
호숫가에 다가섰다.

　모로 (쪼르르 다가와) "오늘도 뭔가 신기한 게 숨어 있을 것 같지 않아?"

　그때

드르륵 –
갈대숲이 흔들리더니
웅성웅성 – 이상한 소리 들이 들려왔다.

제2장 – 그림자 물고기

[호수의 중심]

루나와 모로, 그리고 실비는
철썩철썩– 호수 위에 배를 띄우고
휘이익– 부는 밤바람을 타고
별빛 가득한 물살을 건넜다.

바로 그때
스윽, 스윽–
물 밑을 가로지르는
커다란 그림자가 서서히 다가온다.

실비 (파르르 몸을 떤다) "저건… 별의 호수에 산다는 그림자 물고기야!"
모로 (떨리는 목소리로) "잡히면 꾸욱, 꾸욱 눌려서 안 나온다던데…?"

풍당!–
누군가 물 위로 뛰어올랐다.

제3장 - 빛과 소리의 마법

[별의 고래, 누리 등장]

갑자기
쿵쿵-
물 밑에서 거대한 고래의 등이 부상하며
누리, 빛나는 고래가 모습을 드러냈다.

누리 "두려워하지 마. 그림자 속에도 빛이 숨어 있단다."

고래의 노래가
웅장하게 퍼지고
두두둑-
그림자 물고기들이 호수 곳곳으로 흩어졌다.

루나 (눈을 반짝이며) "누리님, 우리에게 별의 노래를 들려줄 수 있어요?"

누리 "소리와 빛이 만나면 마음 깊은 곳 소원도 꼭꼭 - 이루어진다네."

제4장 - 함께 만드는 소리

모두 손을 잡고
띵띵- 작은 종을 울리니
찌르르- 별가루가 퍼졌고

펑!- 하늘에서 커다란 유성 하나 떨어진다.

누리는 활짝- 미소를 지으며
"네가 가진 소리와 친구의 마음이
곧 세상을 가득 채운단다."라고 속삭인다.

루나와 친구들은 깔깔, 하하-
별빛 아래에서 한참을 웃고 잔잔한 여운만 남긴 채
또 다른 모험을 꿈꾸었다.

출렁출렁- 호수의 잔물결이 멀리 퍼지며
오늘의 이야기는 별똥별처럼 반짝였고

뚜벅뚜벅- 루나와 모로는
다음 여행을 약속하며
숲길로 사라졌다.

사용된 의성 · 의태어 일부

자연/환경 : 반짝반짝, 찰랑찰랑, 철썩철썩, 드르륵, 휘이익, 출렁출렁

행동/감정 : 파르르, 꾸욱꾸욱, 쪼르르, 퐁당, 띵띵, 찌르르, 활짝, 뚜벅뚜벅

감정/사건 : 쿵쿵, 두두둑, 꼭꼭, 까르르, 하하

「바람 숲의 속삭임 4탄 – 호롱불의 마음속 심지로」

등장인물

루나 : 숲과 바다를 넘어 모험하는 탐험가
모로 : 호기심 많은 수달 친구
크룬 : 바람의 정령
실비 : 물결 요정
마로 : 어둠을 밝혀주는 호롱불 정령

제1장 – 어둠 속의 희미한 빛

[깊고 깊은 숲 속 – 밤]

캄캄한 어둠이 내려앉은 숲,
윙윙– 밤벌레 소리만 가득했다.
뚜벅뚜벅– 루나와 모로는 소근소근 걸으며
낡은 호롱불을 하나씩 손에 들었다.

모로 (꾸벅꾸벅) "호롱불이 없으면 이 어둠 속은 정말 무서울 거야…"

루나 "맞아, 하지만, 이 호롱불은 단순한 등불이 아니야. 옛 전설에 따르면, 이 작은 불씨엔 심지가 있어… 마음속이라 부르지. 그 심지는 어둠을 거두고 길을 밝히지."

휘이잉- 바람이 살랑살랑 불어오며 호롱불 주변에 은은한 빛이 퍼졌다.

제2장 - 마음속 심지의 비밀

[숲속 작은 오두막]

드르륵- 호롱불 심지가 타들어가는 소리와
촤르륵- 작은 불꽃이 사그락거리며 춤추었다.

마로 "마음속 심지는 붉은 빛으로 시작해서 점점 옅어지는 게 특이해요. 처음엔 냄새도 좀 고약하다고 하네요."

루나 "맞아, 전설에선 그 냄새가 옛날의 어둠과 고통도 함께 태우는 거라 했지. 그러니 이 심지가 불타는 동안엔 어떤 나쁜 기운도 물러난대."

튕! 톡톡- 호롱불에서 떨어지는 작은 불꽃들이 마치 별처럼 사방으로 흩뿌려졌다.

제3장 - 어둠을 밝히는 소리

미묘미묘- 숲 속 어딘가에서 깊은 숨소리가 들리고
탁탁- 나무 가지가 흔들렸다.

모로는 살며시 말하며 "루나, 저기 봐! 저 불빛들이 호롱불 망음

속 심지에서 나오는 기운 같아."

그때
파작파작- 호롱불 주변에 작은 불꽃 요정들이 모여들며,
"촤르륵, 촤르륵" 불길 소리가 조용하지만 강하게 퍼졌다.

루나는 조용히 외쳤다.
"빛과 소리로 어둠을 물리쳐, 이 심지처럼 타오르게 해줘!"

제4장 - 심지의 결속

"펑! 팍!" - 갑작스러운 폭발음과 함께
숲 속 깊은 곳에서 오래된 나무 한 그루가 불꽃으로 휘감겼다.

크룬이 바람을 일으키며 말했다.
"마음속 심지의 힘은 서로 연결될 때 더욱 빛난다. 너희의 마음과 소리가 심지를 굳게 잇는구나."

루나와 모로는 서로의 손을 꼭 잡고,
"하하, 헤헤" 웃으며 불 밝힌 길을 따라 앞으로 나아갔다.

호롱불의 붉은 빛은
깊은 숲을 넘어 멀리 퍼져 나갔고,
그 빛을 따라 걷는 모든 이에게
따뜻함과 용기를 선사했다.

뚜벅뚜벅- 루나와 모로는 다시 여정을 시작하며
"다음엔 또 어떤 빛과 소리가 기다릴까?"
생각하며 기대에 찬 마음으로 숲길을 헤쳐 나갔다.

사용된 의성·의태어 일부

자연/환경 : 윙윙, 촤르륵, 파작파작, 드르륵
움직임/행동 : 뚜벅뚜벅, 꾸벅꾸벅, 톡톡, 팅
감정/소리 : 하하, 헤헤, 펑, 팍

「바람 숲의 속삭임 5탄 - 설화산의 울림」

등장인물

루나 : 호기심 넘치는 탐험가
모로 : 용감한 수달
크룬 : 바람의 정령
실비 : 바다의 물결 요정
마로 : 호롱불 정령
설운 : 설화산 눈의 정령

제1장 - 하얀 세상, 첫걸음

[설화산 등정길 – 아침]

사각사각– 눈 위를 걷는 소리와
후드득– 머리 위로 눈송이가 떨어진다.

루나는 뚜벅뚜벅 두꺼운 눈밭 위를 밟으며
모로는 콩콩 귀를 흔들며 따라간다.

모로 (킁킁) "추운 냄새가 콧속까지 들어와. 으슬으슬!"

루나 "설화산 꼭대기엔 전설의 맑은 종소리가 있다던데…."

제2장 - 눈보라의 소리

휘이잉-
눈바람이 거세게 몰아치고,
찰랑찰랑 맨눈 사이로 물방울이 흐른다.

파바박-
크룬이 힘껏 바람을 일으키며
길을 터준다.

촤르륵-
눈 위를 미끄러지던 실비가
"앗! 조심해! 여긴 얼음 계곡이야!"라고 외친다.

제3장 - 울림의 동굴

덜컥-
얼음문이 열리고,
드르륵- 작은 고드름들이 바닥에 떨어진다.

깊은 동굴 안
딩동딩동- 투명한 얼음 종들이 스스로 소리를 낸다.

모로는 파르르 떨며
"여기엔 진짜 소리가 살아있는 것 같아…" 속삭인다.

그때
흐르르– 은빛 눈바람이 소용돌이치고
설운이 나타난다.

설운 "맑은 마음이 모이면, 울림은 세상 어디서나 퍼질 수 있단다."

제4장 - 설화산의 맑은 울림

루나와 친구들은
꼭꼭– 손을 움켜쥐고,
딸랑딸랑– 설운이 건네준 얼음방울을 흔든다.

펑!–
눈보라 속에서 맑은 종소리가 울려 퍼지고
반짝반짝– 산 전체가 푸른 빛으로 물든다.

하하, 히히–
모로와 친구들은 포근하게 눈 위에 누워
깜빡깜빡 흰 눈송이와 어우러져
설화산의 울림을 가슴 깊이 새긴다.

출렁–
한 줄기 눈물이 맑은 얼음으로 변해
깊은 산골짜기로 흘러간다.

뚜벅뚜벅–

눈길을 따라 내려가는 루나와 모로

"우리의 목소리와 소리는 어디까지 퍼질까?"
"끝없이, 언제까지나!"

딩동-
설화산의 종소리가 길고 잔잔하게 울려 퍼진다.

사용된 의성 · 의태어 일부

자연/환경 : 사각사각, 후드득, 휘이잉, 파바박, 촤르륵, 덜컥, 드르륵, 흐르르, 딸랑딸랑, 딩동딩동, 반짝반짝, 출렁

감정/움직임 : 파르르, 꼭꼭, 뚜벅뚜벅, 깜빡깜빡, 하하, 히히, 콩콩, 쿵쿵

『바람 숲의 속삭임 6탄 - 번개초원과 돌개바람의 춤』

등장인물

루나 : 밝고 용감한 탐험가
모로 : 에너지 넘치는 수달
크룬 : 바람의 정령
실비 : 바다의 물결 요정
마로 : 호롱불 정령
설운 : 설화산의 눈 정령
라덴 : 번개 초원의 바람을 집어넣은 번개 정령

제1장 - 번개 초원의 신호

[끝없는 푸른 초원 – 흐린 오후]

스르륵–
바람이 풀밭 사이를 미끄러지고
파르르 – 연한 풀잎이 들뜬다.

루나와 모로는
쌩쌩– 힘차게 불어오는 바람을 맞으며
초원 위를 달린다.

　모로 (드르륵 미끄러지며) "오늘은 초원이 살아 있는 것 같아! 풀들이 속삭이는 것 같아!"

번쩍!-
저 멀리 갑작스러운 번개가 하늘을 가른다.

제2장 - 돌개바람의 무도회

후우웅-
돌개바람이 이리저리 휘몰아치고
루나는
휘이이잉- 돌면서
풀잎 위로
팍팍- 뛰어오른다.

크룬 "이곳 번개초원에선 바람과 번개가 춤을 춘단다. 조심해!"

잠시 뒤
토도독, 토도독-
우박이 떨어지고
파바박- 번개가 번뜩인다.

제3장 - 라덴의 등장

[초원 한복판 - 번개가 내리친 자리]

펑!
번개가 땅을 때리며
쨍그랑 - 작은 돌멩이들이 튀어 오른다.

그 빛 속에서
라덴이 출현한다.
그의 몸엔
지지직- 번개가 흐르고
소리 없이 번쩍거린다.

라덴 "초원의 에너지로 만들어진 번개! 너희가 고요와 소란의 조화를 찾는다면, 돌개바람의 춤을 배워야 해."

4장 - 번개의 노래와 소리의 힘

루나와 모로, 친구들은
돋아난 풀을 움켜쥐고
깡총깡총-
초원을 누빈다.

번쩍-
라덴이 휘두르는 손끝마다
지지직- 전기가 튀고
초원은
우르르쾅쾅- 소리로 가득 찬다.

실비 "마음으로 노래해! 초원이 들을 수 있도록!"

모두
라랄라-

입을 모아 노래하니
초원의 바람과 번개가
고요히 어루만진다.

초원 끝에서
슉- 바람이 실려온다.

초록 내음과 함께
모두
"다음엔 어느 소리로, 어디에서 만날까?"
기대에 벅찬 마음으로
뛰뛰-
새로운 여행지로 나아간다.

사용된 의성 · 의태어 일부

자연/환경 : 스르륵, 파르르, 쌩쌩, 후우웅, 번쩍, 파바박, 지지직, 우르르쾅쾅, 쨍그랑, 슉, 토도독

행동/감정 : 드르륵, 휘이이잉, 팍팍, 깡충깡충, 돋아난, 라랄라, 뛰뛰.

『바람 숲의 속삭임 7탄 - 숨겨진 골짜기의 메아리』

등장인물

루나 : 용감한 탐험가
모로 : 재빠른 수달
크룬 : 바람의 정령
실비 : 물결 요정
마로 : 호롱불 정령
설운 : 설화산의 눈 정령
라덴 : 번개초원의 번개 정령
메오 : 골짜기의 메아리 정령

제1장 - 골짜기 초입에서

[깊은 골짜기, 안개 자욱한 새벽]

슥삭슥삭-
살금살금 안개를 가르며
루나와 친구들은 골짜기 어귀에 모였다.

모로 (쭈뼛쭈뼛) "여기선 내 목소리가 무척 멀리까지 들릴 것 같아."

그때
똑똑-
이슬방울이 바위에 떨어지고

잔잔하게
툭툭툭-
메아리가 울려 퍼졌다.

제2장 - 메아리 미로 찾기

길은 꼬불꼬불
짚신이 바닥을
따그닥따그닥-
두드릴 때마다

웅웅-
골짜기 벽이 울려 답했다.

루나 "메아리에 길을 묻는 전설, 혹시 진짜일지 몰라!"

모두 큰 소리로
"여어-!"
외쳤다.

곧
멍멍-
모로의 목소리가 뒤에서 되돌아왔고
까르르-
모두 웃음이 메아리가 되어 골짜기를 가득 채웠다.

제3장 - 메오의 안내

그때
파르륵-
바위 뒤에서 가볍게 흔들리며
빛나는 메오가 등장한다.

메오 "이곳의 소리는 마음이 담기지 않으면 길을 잃게 만든단다. 진짜 목소리로 불러봐!"

루나는
콕콕-
가슴을 두드리며
"여기야, 우리가 와 있어!"
있는 힘껏 외쳤다.

그러자
울림이
두두둑-
벽을 타고
파도처럼 골짜기 깊은 곳까지 퍼져나갔다.

제4장 - 친구들과의 합창

모두 손을 잡고
라랄라-

함께 노래하자

메오가
반짝반짝-
다채로운 빛을 피워내고
골짜기는
울렁울렁-
환한 메아리의 바다로 변했다.

크룬 "진심의 소리는 어떤 벽도 넘어서는구나!"

하늘에서는
찰랑찰랑-
이슬이 빛으로 바뀌었고
발끝마다
톡톡-
희망의 씨앗이 움텄다.

모험을 마친 친구들은
뚜벅뚜벅-
골짜기를 빠져나와
조용히 미소 짓는다.

"우리 소리는 오늘도, 내일도 울려 퍼질 거야."

새로운 모험을 꿈꾸며

바람에 실려
슝-
저 멀리로 발걸음을 내딛는다.

사용된 의성·의태어 일부

자연/환경 : 슥삭, 슥삭, 똑똑, 툭툭툭, 따그닥따그닥, 웅웅, 두두둑, 파르륵, 반짝반짝, 울렁울렁, 찰랑찰랑, 슝

행동/감정 : 쭈뼛쭈뼛, 까르르, 콕콕, 라랄라, 뚜벅뚜벅, 톡톡

「바람 숲의 속삭임 8탄 – 소안도, 호롱불 섬 소년의 꿈」

완도의 마지막 여름밤
[소안도, 호롱불 시인의 집 – 밤 깊은 시간]

사르륵– 호롱불의 심지가 조용히 타들고
바람에 실려
스르륵– 창밖 파도 소리가 밀려온다.

어린 시절의 섬 소년,
미라리는 반짝이는 바다와
바스락바스락 소리가 되는 대로

송아지 노래는
도레미파솔라시도
소년이 꿈꾸는 일송정
소나무 숲이 꿈꾼다.

"저 달빛 아래,
호롱불처럼 작은 희망의 불씨라도 있다면
이 섬, 이 밤, 이 소리 모두
내가 시로 엮을 수 있을까?"

밤하늘은 뚜벅뚜벅
별이 걸어가고
루나는,

모로와 친구들의 이야기를
풀벌레 소리와 함께 회상했다.

미라의 꿈
미라는
콕콕- 가슴을 두드리며
허공에 한 줄 시를 읊었다.

"섬 소년의 꿈은
파르르, 바람결 따라 흔들리고
찰랑찰랑, 호롱불 심지 위에서
조용히 타오른다."

불빛 아래
까르르- 어린 시절 웃음이
그리움 속에서 메아리쳤다.

마침내
호롱불은 밤을 밀어내고
섬 소년의 꿈을 비추었다.

사사 삭- 종이 위를 스치는 붓끝,
반짝- 새로운 시 한 구절이 피어오른다.

그렇게 소안도의 여름밤은
호롱불 시인 미라리와 친구들,

그리고 꿈꾸는 모든 이의
잔잔한 노랫소리로 오래 기억되었다.

바람, 파도, 벌레, 호롱불,
그리고 지친 마음을 어루만지는
모두의 꿈.
스르륵- 밝아오는 새벽과 함께
조용히 숨을 고른다.

섬 소년의 꿈
좌르륵- 호롱불 심지 위로 타오르는 섬의 밤,
스르륵- 바람 타고 밀려오는 파도 소리
별빛을 이불 삼아
섬 소년은 조용히 두 눈을 감는다.

콕콕- 가슴 언저리에서 피어나는 작은 소망,
파르르- 손끝으로 닿은 꿈의 떨림,
바스락바스락- 소나무 숲 그늘 밑에
옛이야기들이 속삭인다.

찌르르, 좌르륵- 여름밤 풀벌레의 합창이
섬 소년의 꿈을 감싸고,
반짝- 호롱불 불빛처럼
희망 한 조각
어둠을 밝힌다.

까르르- 어린 날의 웃음소리
별과 함께 골목길을 달린다.

의성어, 의태어 서로
소리가 나는 대로 소리마다
꼴의 모양새 이야기가 되었다.

그리고 마침내
새벽이 환하게 밝아올 때
섬 소년의 시 한 줄
하늘 강산 바다로 바람에 실려 퍼진다.

섬 소년의 꿈 주제가 / 장후용 시, 수노 곡

사르륵 호롱불 심지 위로
섬의 밤이 타오르고
스르륵 바람 타고 오는
파도 소리의 노래

별빛 이불 덮고
섬 소년 꿈을 꾸네.
콕콕 피어나는 소망
작은 손끝에 닿아

바스락 소나무 숲 아래

옛이야기 속삭이고
찌르르 풀벌레의 노래
여름밤의 합창

별빛 이불 덮고
섬 소년 꿈을 꾸네.
파르르 떨리는 꿈결
가슴속에 새겨

사르륵 파도가 속삭여
스르륵 바람이 안아줘
찌르르 풀벌레의 선율
모두 꿈을 감싸

별빛 이불 덮고
섬 소년 꿈을 꾸네.
콕콕 피어나는 소망
작은 손끝에 닿아

끝

▌장후용 시인 프로필 ▌

◆ 詩 1. 산울림을 듣지 못한 사람들은 고독하다.
　　　2. 어머니의 보리피리
　　　3. 눈물. 바람 기쁜 우리영혼(도서출판 조은)
　　　4. 중독 치유 시 : 여문 꽃씨 하나
　　　5. 시는 음유되어 신음하는 그대 창가에 머물고
◆ 청소년 고민 방, 해결 방(월간 기독교교육)
◆ 나의 얼굴 나의 마음 EQ테스트(월간 기독교교육)
◆ 아픔은 사랑을 일으켜 세우며(도서출판 숲 속의 꿈)
◆ 진정한 쉼을 찾아서 한국 상담문화센터 출판부)
◆ 약물예방이론과 실제(한솔 미래)
◆ 집단상담과 약물예방실무(정보교육을 위한 한솔 미래)
◆ 약물예방과 심리연구(정보교육을 위한 한솔 미래)
◆ 청소년약물예방을 위한 집단상담 프로그램(한국 상담문화출판부)
◆ 학교폭력과 약물예방상담과정(도서출판 티 스쿨 교원연수원)
◆ 청소년 약물예방교육을 위한 부모역할교육(도서출판 조은)
◆ 약물예방상담지도교사를 위한 미술심리치료이론과 실제
　(한국상담문화출판부)
◆ 약물중독의 심리생리학적 이해(도서출판/조은)
◆ 心理야! 藥物 말고 相談하고 놀자!
　(웨스트민스터신학대학원대학교출판부)
◆ 철부지들을 위한 밥상치료(출판/디자인 기획/한국상담문화출판)
◆ 별아! 내 가슴아(1)(한국상담문화출판)
◆ 바람이 철꽃을 피우다(한국상담문화출판)
◆ 숨박꼭질 ◆ 미술치료교재(한국상담문화출판)
◆ 그대 가슴에 별은 빛나고 있는가?(한국상담문화출판)
◆ 시편과 함께 마음 스며들기 詩篇 대 詩(한국상담문화출판)
◆ 우리 엄마 아빠는 중독예방상담전문가(한국상담문화출판)
◆ 나의 꿈 나의 실현 구조화집단상담(한국상담문화출판)
◆ 임상 집단미술치료 숨박꼭질(방순희 장후용 공저)
◆ PPL&GCCP 청소년리더십 집단프로그램(한국상담문화출판)
◆ 현장중심 심리상담(장후용 . 김상대 공저/ 낙원출판사)

- ◆ 마음이 아프다는 것은(2014 .서경문화사)
- ◆ 시(詩)는 음유되어 그대 창가에 머물고(2015. 서경출판사)
- ◆ 몽님이 scandal (2018년 도서출판 고향)
- ◆ 읽기만 해도 치료가 되는 시詩-(성시 치유)/서경출판
- ◆ 시는 음유되어 신음하는 그대창가에 머물고 /사색의 정원
- ◆ 피노키오 철 꽃을 피우다./ 서경출판
- ◆ 소안들 소망은 철딱서니 없기를 바란들 / 사색의 정원
- ◆ 사건의 지평 /조은 출판
- ◆ 탁구로 푸는 백수시대 /조은 출판
- ◆ 종로에서 소안도로 말 달리다(소설)/ 조은 출판
- ◆ 문화야 놀자! (문화복지사) /조은 출판

문화복지사과정
문화야 놀자!

인쇄일 | 2025년 11월 22일
발행일 | 2025년 11월 22일

지은이 | 장후용
펴낸곳 | 도서출판 조은
발행인 | 김화인
편집인 | 김진순
주소 | 서울시 중구 을지로20길 12 대성빌딩 405호
전화 | (02)2273-2408
팩스 | (02)2272-1391
출판등록 | 1995년 7월 5일 신고번호 제1995-000098호
ISBN | 979-11-94562-23-8
정가 | 30,000원

♠ 잘못된 책은 바꾸어 드리겠습니다
♠ 이 책의 내용은 신저작권법에 의하여 국제적으로 보호받고 있습니다.
♠ 저자의 허락 없이 전재 및 복제를 할 수 없습니다.
♠ 한국예술인재단 창작지원금 출판